墨香财经学术文库

"十二五"辽宁省重点图书出版规划项目

Research on Social Media Users' Lurking Mechanism from Role Perspective

刘晓丹 ◎ 著

角色视角下社交媒体用户的潜水机制研究

东北财经大学出版社
Dongbei University of Finance & Economics Press
大连

图书在版编目（CIP）数据

角色视角下社交媒体用户的潜水机制研究 / 刘晓丹著. —大连：东北财经大学出版社，2022.9
（墨香财经学术文库）
ISBN 978-7-5654-4559-0

Ⅰ. 角… Ⅱ. 刘… Ⅲ. 互联网络-传播媒介-研究 Ⅳ. G206.2

中国版本图书馆CIP数据核字（2022）第183704号

东北财经大学出版社出版发行
大连市黑石礁尖山街217号 邮政编码 116025
网 址：http：//www.dufep.cn
读者信箱：dufep @ dufe.edu.cn
大连永盛印业有限公司印刷

幅面尺寸：170mm×240mm 字数：151千字 印张：10.75 插页：1
2022年9月第1版 2022年9月第1次印刷
责任编辑：孙 平 责任校对：吴 奂
封面设计：冀贵收 版式设计：钟福建
定价：48.00元

教学支持 售后服务 联系电话：（0411）84710309

举报电话：（0411）84710523
如有印装质量问题，请联系营销部：（0411）84710711

本书为“辽宁省教育厅高等学校基本科研项目（面上项目）：角色视角下社交媒体用户的潜水机制研究（批准号：LJKR0444）”的最终研究成果。本成果受“东北财经大学校级项目（优秀学术专著出版资助）：角色视角下社交媒体用户的潜水机制研究（批准号：zzzz20210109）”资助。本成果亦受“国家自然科学基金（青年项目）：多任务社交媒体用户的强迫性使用行为形成机理研究（批准号：72101050）”资助。

前言

随着用户在社交媒体上联系人的日益增加，用户的社交圈子变得越来越多样化。当与不同的社交圈子进行互动时，用户需要扮演不同的角色，并需承担相应的角色期望和遵守相应的行为规范。而在社交媒体的情境下，用户的社交行为不再受时间和空间的限制，他们所有的社交圈子都被并置在了一起，形成了一个混合的朋友圈，所以用户需要同时扮演多种不同的角色。在与多个社交圈子同时进行互动时，用户就必须在不同的角色之间进行切换，从而给用户的社交行为带来两个问题：一个是由于不同的角色之间角色期望的不一致而引起的角色冲突问题，另一个是由于角色期望过多而引起的角色过载问题。这些角色压力一方面会增加用户的社交负担，另一方面会使用户的印象管理变得困难，从而迫使用户选择社交媒体“潜水”行为。本书从角色视角出发，探究用户在社交媒体上社交网络的多样性等因素是如何影响其潜水意向的，以及缓解用户潜水的机制。

本书主要内容包括以下三个部分：

第一，基于刺激-机体-反应框架构建了社交媒体沟通环境引起用户社交压力并最终导致用户的“潜水”机制的模型。本书通过在专业在线问卷调查平台sojump.com上采用滚雪球的技术对微信用户进行问卷调查，共得到491份有效问卷，并使用SmartPLS 3.0对结构方程模型进行验证。实证研究的结果表明，社交网络规模和社交媒体能力正向影响用户感知到的角色冲突和角色过载，角色冲突和角色过载正向影响用户的社交媒体疲劳体验，用户感知到的角色冲突、角色过载和社交媒体疲劳都正向影响其潜水意向。这为社交媒体上社交网络多样性的解读提供了新视角和新见解。

第二，基于自我差异理论，构建了角色视角下社交网络多样性对社交媒体用户潜水意向的影响机制模型。本研究通过专业的数据调查公司对微信用户进行问卷调查，共得到641份有效问卷，并使用SmartPLS 3.0对结构方程模型进行验证。实证研究的结果表明角色冲突和角色过载对用户的社交互动焦虑和失望情绪有显著的正向影响，社交互动焦虑和失望情绪对用户的潜水意向有显著的正向影响。此外，角色过载对角色冲突与失望之间的关系具有显著的正向调节作用，但是，角色过载对角色冲突与社交互动焦虑之间关系的调节作用不显著。这为潜水相关研究提供了新思路和新方向。

第三，基于印象管理和关系维护两种动机，提出了社交媒体用户印象管理和关系维护的权衡模型。基于对微信用户的641份有效问卷，使用SmartPLS 3.0对结构方程模型进行了验证。实证研究的结果表明角色冲突和角色过载会增加用户的印象管理不满意度，从而导致了用户的潜水意向。社区接受度会降低用户印象管理不满意度的感知，并削弱角色冲突对潜水意向的影响。同时，社区接受度和关系强度会增加用户的社交互动需求，从而降低其潜水意向。此外，强关系也会直接降低用户的潜水意向。但是，社区接受度对角色过载和潜水意向之间关系的调节作用不显著，关系强度对印象管理不满意度与潜水意向之间关系的调节作用也不显著。这为进一步探索如何降低社交媒体用户的潜水行为打开了一扇窗。

本书对社交媒体相关研究具有以下几点重要的理论贡献：（1）从社交网络多样性的角色视角出发，探明了社交媒体沟通环境对于用户潜水行为的影响机制，证明了用户在社交媒体上的社交网络规模并不是越大越好。（2）从印象管理的视角出发通过引入自我差异理论，解释了角色压力对于用户潜水行为的影响机制，指出了用户的脆弱情绪是导致其被动潜水的直接因素。（3）从社交媒体用户的社交动机和环境线索入手，探究了社交媒体用户潜水的缓解机制。

本书的研究结论也为社交媒体实践提供了重要实践启示。首先，对于社交媒体供应商来说，他们应考虑为用户提供更具智能化的基于情境的关系管理工具，以帮助他们有效地管理日益增多的社交联系。社交媒体提供商应对用户联系人的数量进行限制，尤其是在为用户推送联系人时应当避免过多的不必要的推送。其次，对于社交媒体用户而言，社交关系管理的重要性不亚于社交互动带来的好处。用户应当更加主动地进行社交关系的管理，有效地将不同类型的社交圈子区分开来，尽量避免公开发布冲突性强的内容。在社交互动中用户在注意自己的言行举止的同时，也应对其他人的行为给予更多的包容和接纳。本书最后总结了研究的局限性，并对未来展望进行了归纳。

著　者

2022年3月

目录

第1章　绪论

1.1　选题依据

1.1.1　研究背景

随着以用户参与为主的Web 2.0时代的到来，具有社交性的沟通技术不断涌现，使得IT/IS具有越来越多的社会属性和网络属性。尤其是以微信、微博、脸书（Facebook）、推特（Twitter）等为代表的社交媒体（Social Media）已变得无处不在，并成为一种新兴的通信范式。根据最近的一份报告[1]，微信作为中国最受欢迎的社交媒体，每月活跃用户数约为10.98亿。全球Facebook每月活跃用户数量约为23.2亿[2]。各种各样的社交媒体正在不断地渗透进人们的生活，并日益成为人们日常生活中不可分割的一部分，用户可以随时随地在社交媒体上创建、消费和散布内容[3]。社交媒体的出现使得每个人的声音都可以被听到，它给予了用户更多创造内容的主动权。相关的研究已经证明，用户生成内容（User-Generated Content，UGC）在影响公司品牌和产品销售[4,5]、预测电影票房收入[6]、预测股市变化[7,8]、预测选举结果[9]以及制订旅行计划[10]等多方面具有显著作用。鉴于用户生成内容对于为人们、组织和社会提供新信息和新知识至关重要，因此，用户积极的内容贡献是维持社交媒体平台繁荣发展的不竭动力。

然而，无论是传统的在线社区还是现在如日中天的社交媒体平台都出现了帕累托效应，并日益受到学术界和业界的广泛关注。社交媒体的帕累托效应（二八定律）[11]，即社交媒体平台上约80%的内容由约20%的活跃用户创造，而超过80%的用户贡献的内容却不足20%。大部分用户在社交媒体上经常登录并浏览相关信息，却从不发布信息，也不主动参与讨论，这种行为被称为“潜水（Lurking）”，而这部分人群被称为“潜水者（Lurkers）”。“潜水”被定义为一种不活跃的在线用户行为，它与不发布行为有关[12]，例如，不参与[12]，或者没有贡献内容[13]。

由于网络潜水者是伴随互联网的发展而新兴的网络用户群体，所以相关研究起步较晚。从20世纪90年代起，其才逐渐受到学者们的关注。在国内，蒲青[14]研究了潜水者对发帖者准社交互动关系强度感知的影响因素，以及这些影响因素是如何影响潜水者购买意向的。刘江等[15]总结了网络潜水者角色类型和相关研究理论，并对网络潜水动因进行了分类。在国外，Nonnecke[16]在对邮件讨论组的潜水研究中将潜水动因归纳为4个方面：成员特点、群组特点、身份认知和外部约束。Preece等[17]通过调研方法提出了导致潜水者潜水行为的五大主要原因：不需要发，参与互动前需要多了解社区，认为不发布是有益的，不会使用软件，以及不喜欢社区动态或者社区不适合他们。以往关于潜水的这些研究还指出贡献者和潜水者的动机是不一样的，这说明传统的采纳研究理论不再完全适用于潜水研究。因此，需要新的理论和新的视角来探索潜水的影响因素。

随着人们在日常生活中广泛使用社交媒体，他们的社交网络也得到了广泛的扩展。每个微信用户的平均好友数约为128个[18]，每个Facebook用户的平均好友数约为338个[19]。如此一来，他们的社交网络变得更加多样化和复杂化，一个用户可以在社交媒体上的不同社交网络中扮演多个角色，并且常常是相互冲突的。例如，一个人的角色既可以是与工作相关的社交网络中的同事又可以是老板，而可以同时成为家庭社交中的父母和孩子。社交媒体上这种社交关系的多样性和复杂性也被称为“社交网络多样性（Social Network Diversity）”[20]。

当参加社交交流时，用户会用社交圈子的准则来评估自己和规范自己的行为[21]。因此，一系列相关的规范和期望形成了潜在的默认准则，用以指导用户在社交媒体各个社交圈子中的行为。在这些不同的社交圈子中，用户扮演着不同的角色，并不断满足着各种各样的角色期望。传统的线下社交环境受到时间和空间上的分隔[21]，从而导致用户在某一特定情况下只能扮演一种角色。例如，人们在工作场所仅扮演同事的角色，回到家中时扮演父亲或者母亲的角色。相比之下，这些约束在社交媒体上被弱化甚至消失了[22]，用户的各种角色交织在一起，并需要同时承担多种角色。这就给用户带来了更明显的角色冲突（Role Conflict）和角色过载（Role Overload）。

与传统的面对面沟通相比，社交媒体通过提供“异步的（Asynchronous）”和“可控的（Controllable）”的沟通环境，使用户能够更好地控制他们的自我表现行为[23]。通过创建在线自我呈现，社交媒体用户可以有选择地优化他们的线上形象，例如，分享他们的最佳照片。与面对面的沟通情况相比，他们可以更有策略地管理自己的线上形象[24]。因此，印象管理一直被认为是用户积极参与社交媒体的重要动机[24-27]。然而，角色问题引起的压力使用户难以有效地调整其自身行为，甚至破坏了他们的印象管理计划，对于那些社交圈子多样化程度高的用户而言更是如此[22]。由于时间和认知上的局限性，角色冲突和角色过载的增加将导致用户无法有效应对，从而潜水（Lurking）成为社交媒体用户应对这种困难情况的一种更安全、更轻松的社交策略。

社交媒体平台本身并不会自己创建内容，社交媒体平台的生存和繁荣完全取决于用户生成内容。而当今的社交媒体平台普遍存在用户潜水的现象[28-30]，从而给社交媒体平台的可持续发展性带来了巨大的挑战。因此，对于社交媒体提供商来说，探究如何提高用户（尤其是潜水者）

参与度的基本机制，以及维护用户的福祉都是至关重要的。社交媒体用户的参与行为通常遵循帕累托的80/20法则，这意味着社交媒体上80%的内容是由20%的活跃用户创建的[11]。对于社交媒体提供商而言，用户的积极参与极大地促进了其产品的成功，而潜水行为对他们的业务而言并不是希望看到的。对于社交媒体用户而言，潜水作为一种适应不良环境的应对策略，会以增加长期压力为代价来减少其短期压力，例如，用户为了规避角色冲突和角色过载的压力而选择潜水行为，从而降低了他们对社交媒体的使用体验。因此，研究社交媒体用户的潜水机制对于社交媒体平台的持续发展意义重大，同时探明用户潜水的原因也有利于社交媒体平台提升服务质量，提高用户的使用体验。

具体来说，本书使用微信朋友圈作为社交媒体研究对象，即微信“发现”菜单里的“朋友圈”功能。微信在中国是一个超级应用程序[31]，截至2020年3月，微信每月的活跃用户数已经突破12亿[1]。它具有与WhatsApp类似的功能，可同时生成文本和语音消息。用户可以通过文本消息传递，也可以使用语音通话功能进行消息传递，它可以以一对多的或多对多的形式进行照片/视频共享，从而与朋友和其他人进行交流和互动。微信用户建立的社交网络不同于通常由陌生人组成的其他传统在线社区。微信平台上的社交网络主要通过紧密而牢固的联系建立，并通过薄弱的联系得到补充，微信上80%以上的用户是在现实生活中彼此熟悉的亲戚、朋友、同学、熟人和同事等[32]。这些社交关系的特征使得其与大多数其他在线社区相比，角色问题更为突出。例如，通过对十位活跃的微信用户进行采访：“当您使用微信时，您是否遇到过角色冲突或角色过载的困扰?”一位博士研究生回答说：“因为我的导师在我的联系人列表中，所以我从来都不发微信朋友圈，发一些与我的博士论文无关的内容后果会很严重。”一位公司雇员表示：“角色冲突和角色过载确实给我带来了很多麻烦，因此，我有两部手机分别具有两个微信账号，一个用于工作，另一个用于生活。”

1.1.2 问题提出

本书旨在从角色的视角探讨社交媒体用户潜水行为的相关机制。具体地，如图1-1所示，本书认为用户在社交媒体上的社交网络多样性和社交媒体的媒体特征共同导致了社交媒体上的角色压力过重问题。而角色压力一方面会使用户花费更多的时间和精力等认知资源，从而使得用户的社交负担加重；另一方面会增加用户的印象管理风险，从而加剧用户的印象管理担忧，这两方面原因都会促使用户在社交媒体上的潜水行为。此外，社交媒体聚集了用户大量的社交关系，维护社交关系是用户使用社交媒体的主要动机之一，潜水会使用户因未能参与社交互动从而不利于社交关系的维护。因此，用户是否会为了维护社交关系而付出更多努力并承担更大的风险，是一个两难的抉择。然而，社交媒体上的角色压力问题是每一个用户都会遇到的，随着社交媒体的深度使用，用户或许已经接受了这种独特的社交环境，并对他人和自己在社交媒体上的行为有了更多的包容。所以，本书还从社交关系维护和社交氛围这两方面提出了缓解社交媒体用户潜水的机制。

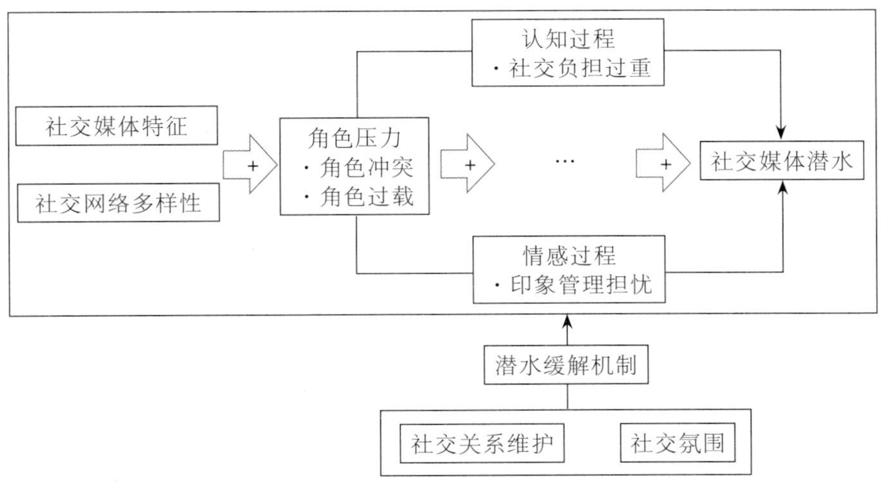

图1-1 研究问题提出

针对以上三个过程，本书提出了三个相应的科学研究问题。

首先，社交媒体为用户提供了一个独特的线上的沟通环境，使得用户的社交行为不再受到时间和空间分离的限制。在这样的一个社交环境下，用户的所有社交圈子都被并置在一起，这些不同的社交圈子原来的界限消失了。而随着用户在社交媒体上的社交联系日益增多，社交圈子也越来越多样化。在一个社交关系如此复杂的沟通环境下，用户很难应对来自各个社交圈子的期望和行为规范，从而给用户的社交行为带来了巨大的社交压力，这些社交压力会使用户不堪重负而最终迫使用户选择潜水行为。因此，本书要解决的第一个问题是探明社交媒体独特的社交环境对用户潜水的影响机制，具体的研究问题如下：

问题1：社交媒体沟通环境是如何增加用户的社交负担从而导致用户潜水的?

其次，社交媒体沟通环境使得用户必须同时面对各种各样的社交圈子。用户在不同的社交圈子里扮演着不同的社会角色，并需遵守相应的角色期望和行为准则。所有的角色期望交织在一起就引起了角色冲突和角色过载。用户为了维护自己的线上形象就必须努力地解决持续不断的角色冲突和角色过载问题。长期处于角色冲突和角色过载环境下的社交媒体用户会因潜在的社交风险和过多的精力消耗而产生各种负面情绪，这些负面情绪的累积会使用户产生不好的社交体验，从而迫使用户选择社交规避的潜水行为。因此，本书要解决的第二个问题是探明角色压力对社交媒体用户潜水的影响机制，具体的研究问题如下：

问题2：角色压力是如何引起用户的脆弱情绪从而导致用户潜水的?

最后，社交媒体的初衷是让用户无论处于何时何地都能与其联系人进行社交互动，从而维护他们之间的社交关系。然而，社交媒体上突出的角色压力成为阻碍人们印象管理的绊脚石。对于用户而言这是一个两难的困境。用户如果要参与社交互动维持与他人之间的社交关系就必须直面角色压力，从而不能树立其理想的线上形象；如果要避免角色压力的困扰就必须退出社交互动，从而不能通过社交媒体互动来维持与他人之间的社交关系。所以，对于社交媒体用户来讲，他们是否愿意为了维持社交关系而付出更多努力并承担可能的印象管理风险，将是本书要解决的第三个问题。此外，在社交媒体上角色压力突出是每个用户都会遇到的问题，长期处于这种环境下的用户是否已经接受了这种社交环境本身的不足，并对其他用户的社交行为有了更大的包容？对此，本书提出第三个研究问题：

问题3：社交关系维护和社交氛围是如何缓解用户的潜水意向的？

1.2 研究意义

1.2.1 理论意义

通过对国内外相关文献进行整理，作者发现目前大多数潜水相关研究都将潜水作为一种积极的行为，很少有研究考虑社交媒体用户被动的消极潜水行为。本书从角色视角出发探究用户社交网络多样性对于被动潜水行为的影响机制，通过实证研究手段探讨了社交媒体用户消极潜水的机制。本书在相关理论的扩展方面具有以下三点意义：

（1）从社交网络多样性的角色视角出发，探究社交媒体用户潜水的机制，为解释社交媒体潜水现象提供了新视角。社交媒体的出现帮助人们拓展了社交关系，并极大地促进了人们之间的社交互动。然而，随着用户在社交媒体上联系人数量的不断增多，用户的社交圈子也日益多样化，所扮演的角色也越来越多。在同一个平台上过多角色的存在给用户带来了巨大的社交压力，从而会导致用户的潜水行为。之前的大多数研究都将用户在社交媒体上的社交关系作为其社会资本的一部分，用户的社交网络规模越大、越多样化，其占据的社会资本就越多，从中获取的利益也就越大。本书从社交网络多样性的角色视角出发，指出社交媒体用户的社交网络规模越大，其承担的角色就越多，承受的角色压力也越大，从而不利于其社交互动行为。这提供了一个新视角去解读社交网络规模对于用户的实际意义，并指出用户的社交网络规模并不是越大越好、越多样化越好，超出用户能力范围的社交请求对用户来讲是一种负担。

（2）从印象管理的视角出发，通过引入自我差异理论解释了角色压力对于用户潜水行为的影响机制，指出了用户的脆弱情绪是导致其被动潜水的直接原因，丰富了对社交媒体潜水行为的理解。用户在社交媒体上不断地树立自己的自我形象，印象管理成为用户参与社交媒体互动的一个主要动机。然而，社交媒体上的角色压力问题异常突出，并成为阻碍用户印象管理的一大障碍。之前的研究认为，社交媒体使用户能够更好地控制他们的自我表现行为[23]，并且可以更有策略地管理自己的线上形象[24]，从而树立他们心目中理想的线上形象。本书从角色压力的视角出发，提出随着用户联系人数量的不断增加，社交媒体沟通环境会变得不适合用户有效地管理他们的线上形象。

（3）从社交媒体用户的关系维护和印象管理这一两难问题入手，探究缓解用户潜水的机制，为进一步探究缓解社交媒体用户潜水的相关研究提供了思路和方向。本书通过对社交媒体用户行为的深度分析，发现了一个两难的社交局面：用户如果要参与社交互动维持与他人之间的社交关系就必须直面角色压力，从而不能树立其理想的线上形象；如果要避免角色压力的困扰就必须退出社交互动，从而不能通过社交媒体互动来维持与其他人之间的社交关系。之前的研究大多从一个角度出发探讨社交媒体对用户某一方面使用行为和动机的影响，本书从这个两难的局面入手，扩展了目前关于社交媒体使用价值的探讨，也为缓解用户的潜水机制提供了思路和方向。

1.2.2 实践意义

本书对于社交媒体实践具有以下两点应用价值：

（1）对于社交媒体平台而言，用户的积极参与是保持社交媒体繁荣的关键，它为商业[4]、经济[6]和公共政治活动[9]产生了新的知识和价值。然而，事实表明在大多数在线社区中大多数用户是潜水者，他们从未在社区中贡献内容[33]。本书将从角色视角探究用户社交网络多样性对于其被动潜水行为的影响。而用户的被动潜水行为是由于社交媒体沟通环境限制了他们的社交活动，给他们带来了不利的社交体验。因此，本书将为社交媒体平台进一步提升服务质量提供参考依据。

（2）对于社交媒体用户而言，如何解决社交媒体上的角色压力问题是他们有效地使用社交媒体的关键。是为了参与社交互动维护社交关系而付出更多的努力、承担更大的风险，还是为了维持自我形象而选择社交规避行为是用户需要深思和权衡的问题。本书从用户的这一两难困境入手，探究了用户在这两者之间进行抉择时需要承担的后果，从而为用户权衡这两种行为以及提升用户的社交媒体使用体验提供参考依据。

1.3 研究思路

1.3.1 研究内容

本书以社交媒体潜水为研究对象，从用户社交网络多样性的角色视角出发探究社交媒体用户潜水的相关机制。本书通过从角色的视角对社交媒体独特的沟通环境进行分析，整合了角色理论、倦怠理论、自我差异理论，从而提出了从用户认知到的社交负担的加重（认知过程）和其对负面情绪的感知（情感过程）两个维度探究其潜水机制。此外，本书通过对用户社交关系维护和社交媒体氛围的分析，整合了印象管理理论、关系维护理论和氛围理论，提出了用户在社交媒体上的关系维护和印象管理是一个两难的问题，并从这两个方面探究了缓解社交媒体用户潜水的机制。具体的内容框架及各部分内容之间的关系结构如图1-2所示。

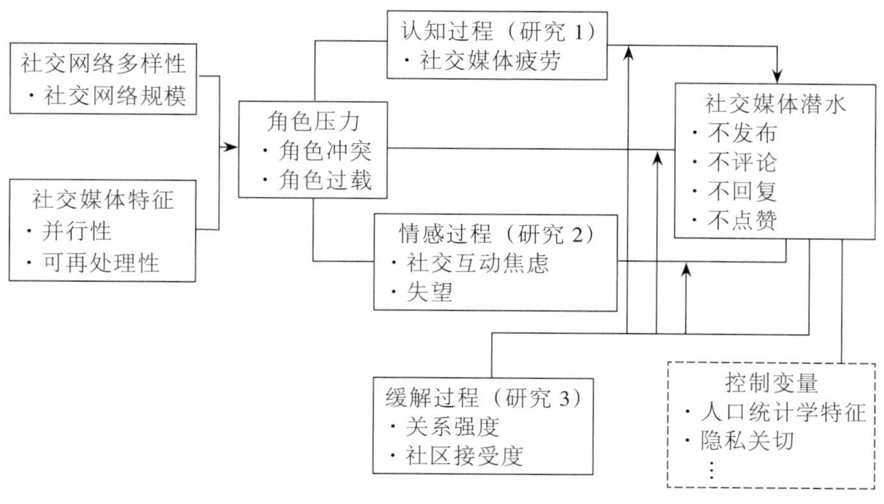

图1-2 研究框架

1.3.2 技术路线图

针对提出的三个研究问题，本书采用实证研究的科学手段，提出了解决上述研究问题的研究思路和流程。具体地，本书的技术路线如图 1–3 所示。

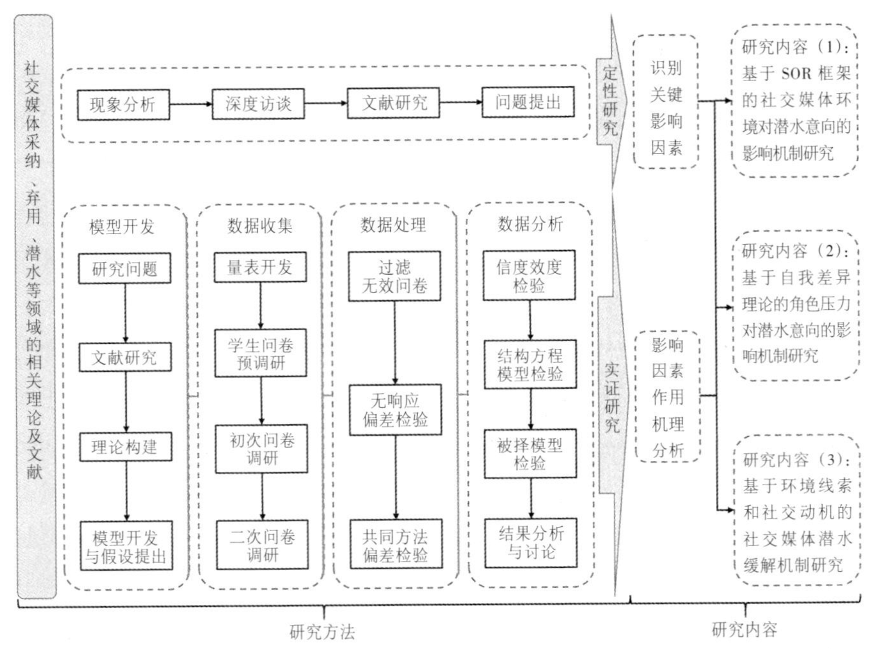

图 1–3 技术路线图

1.3.3 本书章节安排

本书具体章节安排如下：

第 1 章：绪论，主要介绍了本书的研究背景，提出了研究问题，分析了研究的理论意义和实践意义，确定了研究内容，绘制了技术路线图，最后归纳了创新点。

第 2 章：文献综述，主要对国内外相关文献进行了归纳和分析，主要包括潜水相关研究回顾、社交媒体技术特征的介绍以及社交网络多样性的角色视角解释三方面内容，理论涉及管理学、社会学、心理学、信息系统等学科。通过对以上三方面内容的归纳与分析，本章指出了目前研究的主要不足以及可拓展的研究空间。

第3章：基于SOR框架的社交媒体环境对潜水意向的影响机制研究，主要是基于刺激-机体-反应框架（Stimulus-Organism-Response，SOR）提出了社交媒体沟通环境是如何导致用户的潜水意向的。具体地，本书提出用户社交网络规模和社交媒体特征产生的社交环境信号作为刺激，会引起社交媒体用户对于角色压力（角色冲突和角色过载）的认知，从而引起用户的社交媒体疲劳感。这些社交压力和负担作用于用户会迫使其产生潜水的行为反应。

第4章：基于自我差异理论的角色压力对潜水意向的影响机制研究，从印象管理的视角提出了一个集成的模型，该模型结合了角色理论和自我差异理论，用以探索由于社交网络多样性引起的角色压力对社交媒体用户潜水意向的影响机制。具体地，本书将角色压力作为社交网络多样性的代理，并使用自差理论来解释角色压力与潜水意向之间的逻辑关系，提出了用户由于角色压力而产生的脆弱情绪是导致他们最终潜水的关键因素。

第5章：基于环境线索和社交动机的社交媒体潜水缓解机制研究，主要从社交媒体用户的社交动机和环境线索入手，探究了社交媒体潜水的缓解机制。具体地，本书提出了用户在社交媒体平台上的印象管理和关系维护是一个两难的问题，用户的印象管理动机和关系维护动机之间存在竞争关系，而社区接受度对于印象管理不满意度存在抑制作用，并对关系维护过程存在促进作用。关系强度与社区接受度对用户的潜水动机存在缓解作用。

第6章：结论与展望，这部分对整个研究的结论进行了归纳和分析，阐明了理论贡献和实践启示，并指出研究的局限性以及未来展望。

1.4 创新点

本书的创新点有以下几点：

（1）提出了从社交网络多样性的角色视角出发探究社交媒体沟通

环境对于用户潜水行为的影响机制，具体包括：①对潜水的相关概念进行了界定并对潜水行为进行了分类，从而将潜水者和潜水行为区分开来，提出了社交媒体用户的潜水行为并不一定是自发的、积极的，也可能是被动的、消极的，从而指出了研究社交媒体用户被动潜水行为的重要性。②通过对社交媒体与传统在线社区进行比较分析，指出了社交媒体独特的沟通环境使用户的社交行为摆脱了时间和空间的束缚，从而给用户带来了严重的角色压力问题。由此提出，针对用户在社交媒体上的社交网络的研究不应仅限于将其视作一个整体来考察，而是需要对用户的社交网络结构的复杂性和多样性进行更深入的划分和分析。③从社交网络多样性带来的角色压力问题入手，提出了社交网络规模和社交媒体沟通环境导致用户潜水行为的影响机制模型，从而指出了用户在社交媒体上的社交网络规模并不是越大越好。社交网络多样性带来的角色问题会增加用户的社交负担，并促使用户产生社交媒体疲劳感，从而产生社交媒体潜水行为。这为社交网络多样性的解读提供了新思路，也为社交媒体沟通环境的认知提供了新见解，弥补了现有关于社交媒体上的社交网络和社交媒体能力对用户行为影响的相关研究中的不足和片面性。

（2）从印象管理视角出发，通过引入自我差异理论来解释角色压力对于用户潜水行为的影响机制，具体包括：①从自我的概念出发，将用户在社交媒体上的自我呈现分为三种类型（即在线实际自我、在线应该自我和在线理想自我），从而将用户线上的印象管理行为刻画得更深刻、更具体，为了解用户在社交媒体上的印象管理行为提供新概念和新视角。②基于自我差异理论提出了用户在社交媒体上感知到的角色压力对其潜水行为的影响机制模型，指出了由角色压力引起的脆弱情绪是导致用户被动潜水的直接因素，丰富了对社交媒体潜水行为的理解和认知。③角色理论与自我差异理论的整合在理论上扩展了这两种理论的使用，并为社交媒体用户行为的解释引进了新的理论基础。

（3）指出用户在社交媒体上的印象管理和关系维护是一个两难的问题，并从用户的社交需求和社交氛围两方面入手，探究降低用户潜水意向的机制，具体包括：①证明了用户在社交媒体上的印象管理和关系维护二者之间存在竞争关系，用户会为了维护其强关系而降低潜水意向。②社交氛围作为环境线索，会调节用户对于这一两难抉择的权衡。这一研究不仅探明了社交媒体用户是如何权衡这一两难困境的，也为进一步探索缓解社交媒体用户的潜水行为的研究提供了思路和方向。

第2章　文献综述

本章从“潜水”相关研究、社交媒体沟通环境、角色视角下的社交网络多样性三个方面对国内外文献进行回顾。首先，从三个方面归纳了“潜水”相关研究：①对“潜水行为”的概念进行了界定，从而区分了“潜水者”和“潜水行为”这两个不同的研究对象，并界定了本书研究的对象（章节2.1.1）；②通过将“潜水行为”分为积极的和消极的两类，指出了目前对消极潜水行为研究的不足及其重要性，从而指出了本书的研究意义（章节2.1.2）；③通过对目前国内外关于潜水影响因素进行归纳和分类，提出了从用户被动的、不得已的使用体验入手探究其潜水机制，从而指明了本书的研究目的（章节2.1.3）。其次，通过对比传统在线社区沟通渠道和社交媒体沟通渠道特征上的区别，指出了社交媒体独特的沟通环境，以及用户社交网络多样性给其社交互动过程带来的阻碍，并以此为出发点探究社交媒体潜水的重大意义（章节2.2）。再次，从角色的视角去刻画社交网络多样性带来的影响，从而提出了具体的研究过程和方向（章节2.3）。通过上述三方面的分析与归纳，最后总结了目前社交媒体情境下用户潜水行为研究的不足之处，从而指明了本书的研究动机。

2.1 “潜水”研究概述

2.1.1 “潜水行为”的界定

“潜水行为”在在线社区和社交媒体服务上都是一种十分普遍的现象，这种行为的存在可能是由于媒体本身允许用户在不可见或不公开参与的情况下进行访问，而且不会留下任何痕迹。然而，对于“潜水”的定义还并不十分明确，大多数学者都从“潜水者”入手进行研究，并根据各自的研究需要分别对“潜水”的概念进行了定义，这对于研究“潜水行为”来说是一个不小的挑战。例如，Chen[34]发现，在持续六周的时间内，“潜水者”每周都会登录到社区当中，“潜水者”每周发帖的频率要低于这个在线社区平均发帖频率，并且“潜水者”发帖频率除以登录频率的计算结果要超过整个社区的平均值。Neelen[35]认为“潜水者”是在在线社区中从来不发帖的人。Nonnecke和Preece[36]认为“潜水者”是最近几个月不发布内容的用户。还有学者认为“潜水者”是从来不发布内容或者偶尔发布一些内容的用户[37-39]。由此可见，“潜水者”的特点是在大部分时间里处于沉默状态，很少向平台贡献内容的用户。“潜水者”这个概念也通常用来描述那些观察正在发生的事情但不参与或保持沉默的人，因此其与观察、沉默、不活跃/被动、不可见或旁观者行为相关[12]。他们被描述为被动的或不可见的，难以接触的或难以参与在线社区的人们，是非公开的参与者[38]。

根据对“潜水者”的概念定义，可以发现“潜水”与不发布行为有关[12]，它是一种不活跃的在线用户行为。例如，不参与[12]，或者没有贡献内容[13]。本书将“潜水意向”作为研究因变量，并将“潜水意向”定义为社交媒体用户逐渐变得沉默，贡献的内容和参与的互动越来越少的一种行为意向。

此外，从技术上讲，潜水概念与被动的社交媒体使用（Passive SNS Use）有一些重叠，即都涉及社交媒体上不发布的行为。但是这二者在一定程度上又有区别。首先，根据用户是否创建内容可以将用户的社交媒体参与行为分为三种[12]：①被动的社交媒体使用；②主动的、不公开的社交媒体使用；③主动的、公开的社交媒体使用。被动的社交媒体使用通常是指用户通过访问社交媒体上其他人的个人资料或帖子来监视他人的生活，其测量方式通常是用查看他人的个人资料或内容的频率[40]。而潜水被定义为用户在相对较长的时间内不贡献内容的整体行为。其次，对于一个社交媒体用户来说，他可以同时具有不同程度的上述三种特定类型的行为，但只有一个整体上的潜水程度。最后，对被动的社交媒体使用的研究主要侧重于其后置因素，而对于潜水的相关研究则主要侧重于其前置因素。造成这种差异的原因是这两类研究的出发点不同，被动的社交媒体使用始于用户的幸福感和心理健康[40-44]，而潜水则始于用户不发布内容这一现象。

2.1.2 “潜水行为”的分类

潜水行为往往与潜水者密不可分，潜水者类型的多样性是导致研究者对潜水概念界定不一致的主要原因。刘江等[15]通过对潜水相关研究进行文献综述后，总结了四种类型的潜水者：①消极沉默的潜水者，这一类是传统意义上的潜水者，他们彻底遵循只看不说的原则，只阅读对自己有用的信息和内容，从不创作内容或共享内容等；②积极活跃的潜水者，这类潜水者在网络社区中并不创作内容或共享内容，也不参与讨论或评论，而总是直接与创作者通过邮件或者其他即时聊天工具等进行私下相互交流，谈论自己的看法或获取对自己有用的东西；③间歇性的潜水者，这类潜水者是以时间轴为基准来定义的，即在排除正常的个人因素或环境因素（如工作忙、不方便上网、电脑损坏等）后，某些网络用户的行为时而活跃时而沉寂；④浮出水面的潜水者，这类潜水者是指在网络社区中潜水观望了一段时期后，由于某种原因的诱导开始在社区论坛中创作、共享内容或参与讨论的用户群体。

此外，研究者对于潜水者的看法也褒贬不一。一些研究者认为潜水是一种积极的行为，他们认为大多数潜水者并不是丝毫不做贡献，相反，潜水行为不仅仅是正常行为，而且是一种积极的、具有参与性的、有价值的在线行为[12]。这类学者认为应当将潜水者纳入社区论坛的成员之中，社区论坛应当接纳、认可潜水者，并换个角度深入思考他们对于社区论坛的贡献，认为潜水者是社区论坛的重要组成部分。然而，另一些研究者则认为潜水是一种消极行为，他们认为潜水者是搭便车的人。这类学者认为潜水者对于社区论坛的创作和维护毫无贡献，他们只是在享受别人的分享，并将潜水者视作社区论坛的“局外人”[45]。

一个在线社区的持续发展是需要不断有新内容以及不断的交互的，但是潜水者只贡献极少内容，通过浏览他人创造的内容来获益。对于大的在线社区，一定比例的潜水者是允许的，但是太多的潜水者将会损害这个社区的活力。虽然潜水者占了社交媒体用户的绝大多数，但目前对于潜水行为的机制认识并不深刻。导致这一结果的主要原因在于目前的潜水相关研究主要集中于探讨潜水者的角色类型以及潜水者对于网络社区的意义方面，而对于潜水行为本身缺乏关注。从潜水者入手研究潜水行为会使得研究者将潜水视为一种用户自发的、主动的社交行为，而对于用户强制的、被动的潜水行为则缺乏研究。社交媒体发展至今，已经产生了各种各样的问题，用户不好的使用体验也是其潜水的原因之一。本书将从社交网络多样性的角色视角探讨社交媒体用户的潜水动机，可以为潜水研究提供新视角和新的理论解释。

2.1.3 “潜水”影响因素研究述评

目前，已有的对基于邮件的讨论组[16]、在线社区[46,47]以及社交媒体服务[48,49]的研究都试图探究潜水行为的动因。研究发现，社区文化、用户的个人特点以及用户与社区之间的关系等都会影响用户的潜水行为。在网络在线社区的情境下，潜水现象得到了广泛的研究，并且可以归纳为以下几种理论视角：第一，人格特质理论（Personal Trait Theory）将潜水作为一种人格特质。在这种理论视角下，潜水者是一种特定人格特质的人（即懒汉、搭便车者）[50]，也就是说，潜水者天生如此，因此，他们的行为可以被推断为个人特质[51]。第二，参与理论（Engagement Theory）认为潜水和内容贡献都是在线社区中的一种参与形式，其中一些用户参与程度较高（贡献者），而某些用户参与程度较低（潜水者）[36,38,52]。第三，社会学习理论（Social Learning Theory）认为一个新的社区成员将以相对较少的贡献开始，也许最初是没有贡献的，但随着时间的流逝，新成员获得了知识和信心，并开始做出贡献[53]。第四，使用与满足理论（Uses and Gratification Theory）指出，潜水者潜水的最大原因是在不发布信息的情况下他们的需求已经得到了满足，因此，没有动力去贡献内容[17,54]。

国外学者也总结了一些在线社区用户潜水的影响因素，也有一些学者通过对比潜水者和贡献者分析潜水的原因。例如，Nonnecke和Preece[54]总结了六种常被提及的潜水原因：①想要保持匿名性并保护隐私；②工作相关的约束；③太多或太少的信息；④信息质量差；⑤害羞；⑥有限的时间。Preece等人[17]提出了潜水最主要的五个原因：①不需要发布；②需要在参与之前了解更多有关该社区的信息；③认为他们不发布内容是有益的；④不会使用软件正常工作（即易用性差）；⑤不喜欢社区动态或者社区不适合他们。通过文献综述，Sun等人[30]确定了在线网络社区中的四种潜水原因：①环境影响；②个人偏好；③个人与群体的关系；④安全顾虑。Rau等[48]证实语言亲密和情感亲密与发布频率呈正相关，并被用于识别贡献者/潜水用户组。Wu和Chiang[55]提供的证据表明，贡献者将会基于对帮助和承诺的享受，而与他人分享；然而，潜水者只有在他们觉得彼此是互惠的，并且希望这个社区能给他们积极的反馈时，才会与他人分享。Mo和Coulson[56]的研究显示，与贡献者相比，潜水者在授权过程中对获得的社会支持和有用信息方面评价较低，同时他们对自己与群体成员的关系满意度也较低。Phang和Kankanhalli[13]对在线政策研讨论坛的研究提供了证据表明，贡献者受政治职业利益和政治效能动机的影响，而潜水者的未来参与意愿受集体利益、公民技能和动员力的驱动。

国内学者也对潜水行为的影响因素进行了探究和归纳。Yang等[57]证实了，感知到的贡献认可和表达自由对潜水者承诺的正向影响强于贡献者。此外，刘江等[15]将互联网潜水的动因总结为内在动因和外在动因两大类，并从经济利益、社会和知识技术三个层面对潜水动因进行了详细的归纳分类。郭佳航等[58]以认知–情感–意愿三阶段为理论框架，从角色理论的角度出发，指出了社会焦虑和情感疲惫是导致社交媒体用户潜水的直接因素。万莉和程慧平[59]通过对比贡献者和潜水者，提出了虚拟知识社区中潜水者感知到的自我效能和线下活动是导致其潜水的直接因素。王莹莹[60]的研究则从性格因素、心理因素和环境因素三方面总结了微信用户潜水的影响因素。刘鲁川等[61]的研究则指出了社会比较、绩效期望、感知风险和焦虑情绪是影响社交媒体用户潜水行为的主要因素。李旭等[62]的研究则指出了社交媒体倦怠是导致用户潜水的直接因素。

然而，与传统的在线社区不同，社交媒体用户更希望满足社交和情感需求，而不仅是信息需求，因此影响用户在社交媒体上潜伏行为的因素应该与传统的在线社区不同[48]。此外，社交媒体在很多方面都与传统的在线社区有所不同（详见表2–1）。从根本上说，社交媒体旨在帮助人们建立社交网络并建立他们的在线形象，而大多数传统的在线社区的建立都是为了增进人们对该社区主题的理解[63]。因此，社交媒体上的用户建立连接主要是因为他们对内容背后的用户感兴趣，并希望保持其相互关系，这有可能导致更多的社交互动和牢固的社交关系。此外，用户在社交媒体上的社交网络具有高度的多样性，从而具有与不同的关系网络一样多的身份，他们可以在这些关系网络中扮演各种的角色并发挥作用。从技术上讲，社交媒体将所有用户的社会角色并置在一起，这会阻碍他们的在线呈现和关系维护，并最终影响他们的在线参与度。因此，用户访问社交媒体和在社交媒体上发布信息的动机将不同于传统的在线社区，影响用户在社交媒体上潜水行为的因素也应有所不同。

表2-1 **社交媒体与在线社区的对比**

项目	社交媒体	在线社区
定义	(1) 社交媒体允许个人在有界系统内构建公开或半公开个人资料;(2) 社交媒体明确给出了用户的联系人列表;(3) 社交媒体允许个人查看和遍历其联系人列表中其他人在系统中所产生的内容[64]	在线社区是一组实体、个人或组织的集合,它们通过电子媒介临时或永久地聚集在一起,在一个共同的问题或兴趣空间中进行交互[65]
发布信息的主要动机	自我呈现,发展关系	知识共享,树立声望
建立联系的主要目的	用户建立连接主要是因为他们对个人资料后面的用户感兴趣,并希望维护其相互关系[64]。因此,连接优先于社交媒体上的内容[63]	用户之所以建立联系是因为他们对用户提供的特定内容感兴趣,并且希望分享他们的相似兴趣和专长[65]。因此,内容优先于在线社区中的连接[63]
信息的本质	社交媒体为用户提供了重要的渠道,使他们可以结识新朋友、与现有朋友保持联系/维护关系、与旧朋友重新保持联系、共享信息,以及建立/发展归属感[66]。社交媒体上的用户与其他用户进行社交活动,因此社交媒体上讨论的主题通常与个人相关	在线社区中的用户会聚在一起,是因为他们对讨论主题有既得的兴趣,最终社区成员的互动转变为社区的共享实践[67]。讨论和评论基于发布的内容,这些内容集中在社区感兴趣的特定主题上
关系强度	社交媒体上的用户主要是与已经属于其扩展社交网络一部分的人们进行通信[64]。社交媒体上的社交互动更趋于人际交往、多元且频繁,因此,社交媒体上的社交关系更加牢固	在线社区中的社交交流主要发生在陌生人之间,而不是现实生活中的熟人之间[48]。因此,在线社区的社交关系相对薄弱

续表

身份	社交媒体为用户提供在线呈现，其中包含可共享的个人信息，例如生日、爱好、喜好、照片、文字等[68]。每次发布（即创建用户生成内容，UGC）都是对发布者的展示或对其身份的创建，而每次查看（即对UGC的消费）都是对用户自我身份的确认或消费[69]	在线社区中的用户可能具有相似的目标、准则和兴趣，因此具有一个相同的群体身份，即共同的认知状态、道德标准和情感联系[30]
社交网络的多样性	社交媒体上的社交网络比任何其他在线网络都能更准确地反映人们的现实社会关系[68]。大多数用户在社交媒体上拥有整个社交关系网络，包括他们的亲戚、朋友、熟人、同事以及其他人等[70]。这些不同的社交圈子通常具有不同的背景和不同的行为规范。因此，社交媒体的社交网络多样性很高	在线社区中用户群体经常跨越文化和地理边界。社区成员通常对其他成员的状况知之甚少，他们所知道的仅仅是拥有相似的兴趣，并且需要在社区中遵循相同的群体规范。在线社区中的社交连接通常只是用户整个社交网络的子网络，该子网与特定的社交网络有关。因此，在线社区中的社交网络多样性较低

目前有限的社交媒体潜水研究大多遵循传统在线社区中潜水的研究范式，通过比较潜水者和贡献者之间的差异来进行探究[48,71,72]。已确定的影响因素包括个人特征[73]、人口统计学特征[71]、羞怯[72]、计算机焦虑[74]、隐私风险等[28]、社交媒体倦怠[62]等，这些因素与先前在线社区的潜水研究没有本质区别。这些研究以用户需求为出发点，没有对比社交媒体沟通环境与其他网络沟通环境的区别，从而忽略了社交媒体的独特之处，社交媒体与在线社区之间的本质区别在这一领域仍未得到探索。特别是用户在社交媒体上社交网络多样性的影响，还没有相关研究从这个视角对社交媒体的潜水行为进行过实证研究。此外，先前关于潜水现象的研究也提出了一些相互矛盾的观点，从而没能弄清潜水机制的

根本内涵。根据用户的行为是否自主，先前的一些研究认为潜水是积极的，应予以鼓励，而另一些研究则发现潜水是消极的[56]。然而，有时用户选择潜水，是因为他们担心负面结果[28]，或者是在在线社交环境中感到不舒服[21]。因此，本书从社交媒体用户社交网络多样性的视角出发，探索社交媒体用户的潜水机制，以丰富潜水相关研究。

2.2 社交媒体沟通环境

随着社交媒体的使用，用户很多线下的社交联系被转移到线上，并不断地建立新的联系。因此，用户在社交媒体上的联系人数量也越来越多，社交圈子也变得越来越多样化。例如，与朋友相关的社交圈子、与家庭相关的社交圈子，以及与工作相关的社交圈子等。当与不同的社交圈子互动时，人们通常需要扮演不同的角色，并需满足相应的角色期望。在线下的社交环境中，由于时间和空间的分割，这些不同的社交圈子被隔离开来，用户在某一时间某一地点通常只需要扮演一种角色。而在社交媒体的情境下，用户所有的社交联系被并置在了一起，形成了一个混合的朋友圈，有形的角色边界消失了，用户就不得不同时扮演多种角色，其社交关系及社会角色也都变得异常复杂（如图2-1所示）。

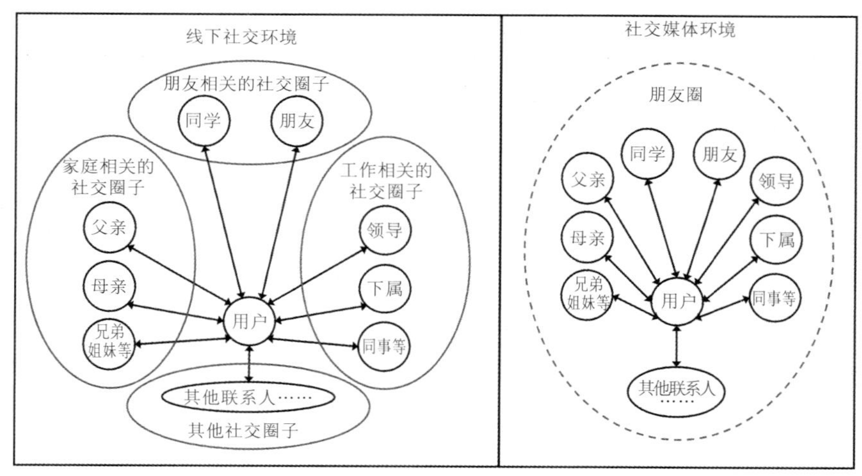

图2-1 线下社交环境与社交媒体环境对比

社交媒体这种独特社交环境的形成，取决于其所具有的两个主要媒体能力，即并行性和可再处理性。并行性是指在媒介上可以有效地发生的并发传输的数量[75]。高并行性的媒体允许用户同时与多人通信，即同时向多个参与者（多向通信和多方传输）发送和接收消息[76,77]。在社交媒体上，用户的所有社交联系和社交圈子都被并置在了一起，从而可以同时与来自不同圈子的联系人进行互动。并行性使得社交媒体平台上的用户无论处于何地都可以一起互动，他们发布的消息和互动的内容也会被其他所有人看到，从而打破了空间的束缚。可再处理性是指用户可以在沟通的过程中或者之后重新检查或重新处理以前发送的内容的程度[75]。社交媒体具有存储功能，可以使用户查看之前的互动信息，并帮助新参与者了解之前的活动内容[76]。尽管用户访问社交媒体的时间可能会有不同，但是只要他们登录到社交媒体平台上，就可以访问其他人发布的内容并与其互动。可再处理性使得用户可以随时访问别人发布的内容，并随时参与到社交互动中去，从而打破了时间的束缚。

因此，并行性增加了用户暴露在不同社交圈子面前的概率，而可再处理性增加了用户与所有社交圈子充分互动的概率。这两种媒体能力共同造就了社交媒体独特的沟通环境，使得用户的社交互动摆脱了时间和空间的束缚，从而改变了他们的社交互动结构[21]。在社交媒体上，用户不得不同时承担多种角色，并需同时应对各种各样的角色期望。这就给用户的社交行为带来了两个障碍：一方面，由于不同的角色期望之间通常是冲突的甚至是不可调和的，从而导致角色冲突问题；另一方面，由于角色期望过多超出了用户所能应对的范围，从而导致角色过载问题。这两种角色压力都会阻碍用户的社交互动，从而可能会导致用户的潜水行为。本书以此为出发点，探究社交媒体沟通环境对于用户潜水行为的影响机制。

2.3 角色视角下的社交网络多样性

在社交媒体上，用户的各种社交联系（例如，家人、同事和朋友等）被并置在了一起，使得用户在社交媒体上社交网络（社交圈子）的多样性程度很高。由于用户在不同的社交圈子中所扮演的角色各不相同，因此当社交圈子发生变化时，他们就需要合理地调整自己的行为从而适应环境的改变。

角色（Role）这一概念源自社会心理学领域的角色理论（Role Theory）。美国社会学家Mead[78]从社会学角度对角色进行了定义，社会角色（Social Role）是指处于一定社会地位的个体，依据社会客观期望，借助自己的主观能力适应社会环境所表现出的行为模式。这里的客观期望是指一个人角色的行为符合于社会、组织、团体、他人的期待与要求。每个人在社会生活中都扮演着各种各样的角色，如父亲、母亲、子女、老板、员工、老师、学生等。这些角色不仅仅是由人们的身份属性所决定的，也是由整个社会赋予的客观期望所决定的。然而，不同的角色期望之间存在着差异，在人们进行跨界互动时，他们就需要适当地调整自己的角色。当人们在多个角色之间频繁转换时，角色转换的过程将会变得十分困难[79]。角色冲突和角色过载就是角色转换过程的产物[21,80]。作为角色压力的典型范式[81]，角色冲突（Role Conflict）和角色过载（Role Overload）就是角色转换过程的主要产物[82]。

图2-2对线下社交环境和社交媒体环境里社交活动中角色边界的变化进行了对比。由此可以看出，一个人在现实生活中可能扮演着员工、父亲、儿子和丈夫等多种角色，在线下的社交环境中由于各个角色的边界是闭合的，不同的角色之间有着清晰的界限，不同的角色之间很难有交叉；而在社交媒体上的社交情境下各个角色的边界是开放的，这样一来不同的角色之间的界限就变得模糊不清，不同的角色交融在一起，因此跨越边界的社交活动会很频繁，这就带来了角色冲突和角色过载日趋严重的社交局面，从而给用户的社交行为带来了阻碍。

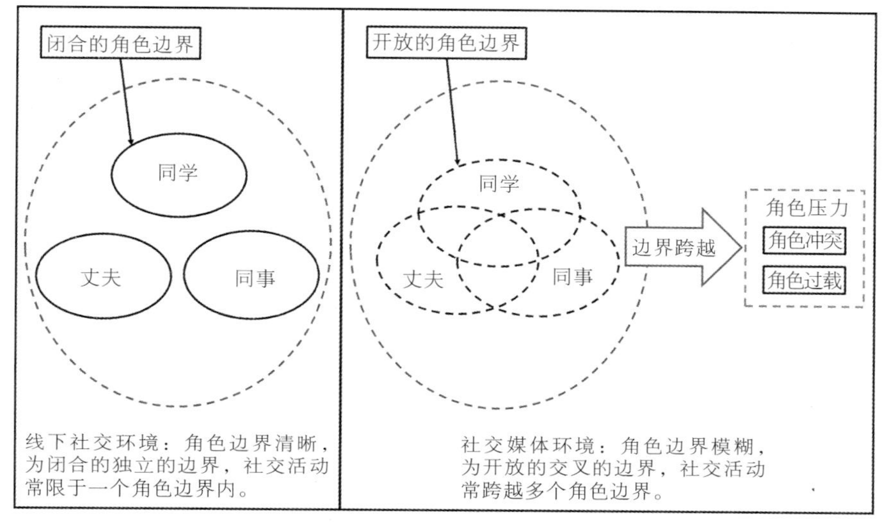

图2-2　线下社交环境与社交媒体环境中角色边界变化的对比

角色冲突是指与特定角色相关的期望之间的冲突性和不一致性[83,84]。处于角色冲突下的人们，在满足一些人的期望时就不能满足另一些人的期望。社交媒体中的角色冲突指的是这样一种情形：个人在社交媒体上面对着不同类型的好友，同时扮演不同的角色，每个角色赋予自己的角色期望都是不一样的，当这些不同的角色期望交织在一起的时候，使得它们相互抵触，不能同时满足。例如，与工作相关的社交圈子倾向于通过个人的工作努力程度来评估个人，而来自游戏圈子的用户则倾向于通过其游戏技巧来评估个人。

角色过载是指集中于个人的各种角色期望过多，使得个体缺少完成各种角色期望的资源（包括时间、认知、脑力、人力资源等）[84,85]。处于角色过载下的人们，会由于时间和精力的局限而不能满足所有的角色期望。由于个人在给定时间内的认知资源是有限的[86]，角色过载会导致个人不堪处理过多的信息[87]。社交媒体上的角色过载是这样一种情形：个人在社交媒体上扮演各种不同的角色，每个角色都有相应的角色期望，面对如此多的角色期望，个人由于时间和精力的限制而无法同时满足。例如，一个用户可以同时与社交媒体上的不同人群进行多个对话，并同时扮演父亲、领导、下属、朋友等多种角色。积极参与社交媒体上的所有对话而又不出错，对于社交媒体用户而言是个巨大的挑战。

随着社交媒体不断地渗透到人们的日常生活，人们越来越多的社交活动从线下转移到了线上，线下的角色也随之转移至线上，并且人们还在线上不断地创建新的角色。社交媒体为用户提供了一个开放的社交平台，极大地促进了用户的社交活动，同时其独特的社交环境也给用户带来了巨大的角色压力。社交媒体的媒体特征实现了对时间和空间的整合，人们的社交活动不再受到时间和空间隔离的限制，所有的角色也都被同时并置在了一起，使得角色压力的影响变得更加明显，从而加剧了用户的潜水行为。因此，本书拟以社交媒体用户社交网络多样性的角色视角为主要突破口，探究社交媒体用户的潜水机制。

2.4 现有文献的主要不足

2.4.1 对社交网络多样性的影响解释不足

现有研究指出高度多样化的社交网络与一系列积极的结果相关联，包括获得工作信息[88]，更好的身心健康[89]，较少的焦虑、沮丧和心理困扰[90]，对健康的益处[20,91]，以及社区的经济发展的促进[92]。这些研究大都是基于社会资本的视角，通常认为社会网络的多样性是人们可以通过网络获取资源的直接度量。嵌入在网络中的资源被称为社会资本[93]。具有较多社会资本的人可以获得更多的支持，并且可以接触到更多与这些积极结果相关的信息。社交媒体使人们能够更轻松地从邻里以外的地方获得社会支持，从而降低了对当地纽带的依赖，却增加了形成和维持更加多样化纽带的机会[94]。社交媒体为用户提供了一个各种社交网络并置在一起的在线社交环境，各个角色之间的界限已经变得模糊，社交网络多样性带来的角色压力问题也日益突出。社交媒体通过提供“异步的（Asynchronous）”和“可控的（Controllable）”的沟通环境，使用户能够更好地控制他们的自我表现行为[23]，更有策略地管理自己的线上形象[24]。因此，印象管理一直被认为是用户积极参与社交媒体的重要动机[24-27]。然而，这些研究都忽视了角色压力给用户印象管理实施过程带来的阻碍，以及对用户潜水行为的影响。

此外，还有大量研究从社会影响理论的视角出发，探究了联系人规模对于社交媒体用户使用行为的影响。例如，在我们之前的研究中，发现微博用户的粉丝数和关注数对其持续的内容贡献行为有着显著的正向影响。研究表明，粉丝数是影响用户持续内容贡献行为的一个重要因素[95,96]。为了变得更有影响力，社交媒体用户需要拥有足够多的关系覆盖网络。用户在社交媒体上的每个社交关系都表明其他成员认为其创造的内容是值得阅读的，这些关系表明了粉丝对贡献者的信任程度。当贡献者被认为是有用的或可信赖的信息源时，这将为贡献者提供持续贡献内容的动力。具有大量在线受众的用户自然就会贡献更多的内容[96]。然而这些研究都将社交媒体平台看成一个巨大的社区，忽略了用户社交网络的多样性和角色的复杂性给用户社交行为带来的影响。

2.4.2 对“潜水行为”与“潜水者”的区分不明显

首先，现有潜水相关文献对潜水的定义多源于对潜水者的界定。例如，Chen[34]，Neelen[35]，Nonnecke和Preece[36]等关于潜水的研究都是通过对潜水者进行界定然后给出潜水行为的定义和特征。然而，潜水者和潜水行为本身存在着本质的区别，在某些情况下，即使是经常发布的贡献者也会在一些社交会话中选择潜水的行为。潜水行为可以是一种社交策略，它可能表现在一次或者多次的社交活动中，而潜水者是一类经常采取潜水行为的人，这是对用户性质的划分，二者不可混为一谈。

其次，目前关于潜水的大多数研究主要通过对潜水用户进行角色划分（潜水者和贡献者）来探究潜水者的行为机制[55-57]。然而，由于不同的潜水者的特征不同，因而其潜水的动机和原因也各不相同，这就导致了现有潜水相关研究对潜水原因的分析结果也产生了很多差异，关于潜水的概念也因各自研究的需要而未能得到一致的定义。这对于潜水研究来说造成了一定的阻碍，因此，将潜水行为和潜水者这些概念从定义上区分开来，并从其本质上进行探索势在必行。对于用户来说，无论是贡献者还是潜水者都可能会由于受某些因素影响而选择潜水行为。因此，从潜水行为上入手研究潜水机制可以弥补现有潜水研究的很多不足之处。

2.4.3 对“潜水”成因的分析不全面

目前，已有的潜水影响因素相关的研究从人格特质[50]、参与形式[36,38,52]、社会学习[53,97]和使用动机[17,54]等视角探究了导致潜水的原因。然而，这些研究都没有考虑用户在使用过程中产生的不良体验和负面情绪的积累对于其潜水行为的影响。大量关于社交媒体用户使用行为的研究都表明了用户在使用社交媒体的过程中产生的不良体验和负面情绪会导致用户对社交媒体的弃用等消极使用行为的产生。例如，Zhang等[98]的研究发现，QQ空间用户使用过程中产生的疲劳情绪和不满意度会使用户弃用QQ空间。刘鲁川等[99]的研究则发现，社交媒体用户的倦怠情绪和焦虑情绪会促使用户产生忽略、潜水、回避、抵制等各种消极的使用行为。因此，用户的使用体验对于其社交媒体使用行为有着决定性的影响。

然而，现有的关于潜水的研究则较少从用户情绪和使用体验方面来探讨潜水的原因。而且用户的情绪不仅影响着他们对于社交媒体的态度和使用行为，同时还可能会对他们的工作和生活带来各种影响。用户在社交媒体上所面临的角色冲突和角色过载等问题会给用户带来很多不良的使用体验，还会导致用户产生各种负面的情绪，这些不良体验的负面情绪将会成为他们选择社交媒体潜水行为的关键因素。因此，从用户情绪和使用体验入手探究潜水的机制十分必要。

综上所述，现有研究的主要不足可以归纳为以下几点：

（1）目前关于社交媒体的研究大多从社会资本的角度解读社交网络多样性的作用，并认为社交网络多样性程度越高，用户能够获得的社会资本也越多，从而越愿意参与社交媒体互动。然而，这些研究都忽视了社交网络多样性带来的角色压力问题。

（2）目前关于潜水的研究大多将潜水者作为研究对象，通过对比潜水者和贡献者来总结潜水的影响因素，未能很好地区分潜水者和潜水行为这两个不同的概念，对于潜水行为的实证研究也比较少，尤其缺少社交媒体沟通环境对于用户潜水行为的影响机制的探讨。

（3）目前关于潜水的研究大多将个人特质和使用动机等作为影响潜水的主要因素，将潜水作为一种主动的、自发的行为，而忽略了由用户负面情绪导致的被动的、不得已的潜水行为。

第3章 基于SOR框架的社交媒体环境对潜水意向的影响机制研究

本章研究的主要目的是回答社交媒体沟通环境是如何增加用户的社交负担从而导致用户潜水的这一研究问题。因此，我们选择用户的潜水意向作为因变量。根据对潜水的相关文献进行回顾[12]，潜水意向在本研究中被定义为减少或中断在社交媒体上发布内容的倾向。由于社交媒体环境是刺激因素，而用户的潜水行为则是其作出的响应，因此，本章研究将刺激-机体-反应模型（Stimulus-Organism-Response，SOR）[100]作为整体的研究框架，从而提出了社交媒体沟通环境对用户潜水意向的影响机制模型。在本研究的情境下，刺激是指来自社交媒体技术特征和用户的社交网络的信息和信号。机体是指用户的内在状态，它涉及认知和情感系统，包括感知、体验和评价[101]。这一过程的结果产生了不同形式的反应，从有意识到无意识，从内部到外部[102]。在本研究的情境下，刺激指的是由用户社交网络规模和社交媒体能力产生的社交环境信号。机体指的是由社交媒体沟通环境引起的用户角色压力（角色冲突和角色过载）的认知，以及由于应对角色压力而产生的社交媒体疲劳体验。反应指的是用户由于角色压力和社交媒体疲劳而导致的潜水意向。具体地，本研究提出社交媒体上独特的社交环境会刺激用户产生心理压力；其中角色压力作为一种认知压力，是产生情感压力-社交媒体疲劳的原因；而为了应对这些压力，用户会采取潜水的策略。除了使用SOR框架之外，本章研究还主要用到了角色理论（Role Theory）和倦怠理论（Burnout Theory）。其中，用到了角色理论中的角色冲突和角色过载这两个核心构念，来概念化社交媒体环境和用户社交网络多样性带来的角色问题。此外，倦怠理论可以解释由社交媒体环境带来的角色冲突和角色过载问题是如何引起用户的社交媒体疲劳感，以及这些认知压力导致用户最终潜水意向的过程。

3.1 理论基础

3.1.1 刺激-机体-反应模型

刺激-机体-反应模型最初是由Mehrabian和Russell[103]提出的，用来证明环境影响人类行为的机制。这一理论将个体的行为解释为对外部刺激的习得性反应，并能很好地反映个体在做出反应行为之前的认知和情感状态。SOR模型假设不同的环境线索作为刺激（Stimulus），会影响个体的内部认知和情绪（Organism），这些内部因素进而会驱使他们做出形成反应的行为（Response）。在现有的文献中，SOR模型被广泛证明是一个可行的理论框架，因此，通常被用作一个整体的理论框架结构来解释环境和技术特征等对人们行为的影响机制。SOR模型在信息系统领域相关研究中具有广泛而扎实的理论背景，其被广泛应用于信息系统采纳[104,105]、社交媒体弃用[106]、社会化商务[107-111]、在线零售[112-114]、在线学习[115]、知识分享[116]等研究中。

特别地，张敏等[117]采用扎根理论的开放式编码，并基于SOR模型框架构建了情境因素（平台内部因素）和环境因素（平台外部因素）作用刺激促使用户产生负面的情感认知，进而导致用户产生不同程度的中辍行为的概念模型，从而分析了强关系社交媒体用户中辍行为的形成机理。Cao和Sun[118]基于SOR模型框架构建了社交媒体用户由于信息过载、沟通过载和社交过载而导致社交媒体弃用的机制。Luqman等[106]基于SOR模型框架提出了Facebook用户的社交、认知和享乐使用如何导致压力和疲惫，从而影响用户放弃使用Facebook的意愿。由此可见，SOR模型在信息系统领域有着广泛的使用基础，其对用户的各种使用行为（包括持续使用、弃用、在线口碑等）都有着很好的解释力。

本章研究中使用SOR模型作为总体的理论框架主要有两个原因。首先，SOR模型在以往的社交媒体用户行为研究中得到了广泛的应用。例如，Cao和Sun[118]基于SOR模型框架对社交媒体用户弃用机制的研究。Luqman等[106]基于SOR模型框架对Facebook用户放弃使用Facebook的意愿的研究。他们的研究发现SOR对于社交媒体弃用行为有着很好的解释力，在解释个体的内部反应和对环境刺激的行为反应方面有着很好的适用性。因此，在本研究的情境下，SOR模型对于社交媒体潜水这一具体的用户行为也应具有很好的解释力。其次，考虑到起关键作用的媒体能力和用户社交联系规模共同构建的独特社交媒体沟通环境对用户社交媒体潜水行为的影响，SOR模型提供了一个简洁的和结构化的方式来检查社交环境作为刺激因素影响用户社交媒体潜水行为的经历。因此，无论在理论背景还是在现实问题这两个方面，SOR模型都与本研究的情境十分匹配，适合用作本研究理论模型的整体框架。

3.1.2 角色理论

角色理论最早是由Biddle[119]提出的，其中心思想是人们被社会化或习惯于扮演有助于维持社会稳定或社会秩序的角色。角色（Role）是指一个人在特定情境下的行为特征。角色理论研究了人们在特定的情境或语境中所特有的行为，以及产生、解释或预测这些行为的各种过程。角色理论包含五个主要的基本命题。第一，有些行为是模式化的，从而形成了一个角色，并且由一个人在一个特定的情景或情境中典型地执行。第二，角色通常涉及社会地位，或者是一组具有相同身份的人的特征，如教师、医生或护士的角色等。第三，角色通常被赋予期望，这意味着人们知道一个人在什么时候扮演一个角色，以及其在扮演这个角色时会有什么样的行为期望。第四，角色具有稳定性，会随着时间的推移而持续存在，因为它们通常嵌入在一个庞大的社会系统中。第五，人们必须被教化以角色，或者被社会化，并且在扮演不同的角色时可能会伴有快乐或悲伤的情绪。

Goffman[120]从戏剧的角度看待角色，认为角色是由个人所扮演的一部分。角色的概念通常是指个体在特定社会类别中被期许的一系列行为[121]。这些类别包括正式和非正式系统中的职位（或地位），例如，家庭中的母亲、学校里的教师和医院里的护士[122]。社会经常通过分配角色来反映积极或消极的社会价值，例如，医院的护士、学院的老师、家庭里的父亲或者无家可归的流浪者等。

角色理论的研究者主要采取两种观点：功能主义或互动主义[123]。功能主义者认为角色是社会对扮演角色的个人的行为期望[124]。从这个角度来看，角色是一个具有特定社会地位或职位的人所适合的连锁行为网络[123]。当一个人扮演或者接受一个角色时，他或她必须接受这个角色带来的一系列特定的权利和责任。角色是由社会作为一个群体所创造出来的，角色的预期行为往往是达成共识的，比如医生穿着白大褂，并且会问一些在其他情况下不会问的个人健康问题，等等。互动主义是关于角色的形成，或者是人们通过社会互动不断地创造一个新角色。根据互动主义的方法，人们通过不断地测试和再测试他们对于其他人对扮演该角色的人的期望的推断，从而不断地创造一个角色，然后采取相应的行动，从而即兴地创造这个角色[123]。角色是通过谈判过程产生的，其中涉及个人与其社会环境之间的互动[125]。后来的研究试图将角色理论扩展到功能主义和互动主义的观点之外，因为这种二分法被认为是不必要的和徒劳的。例如，角色可以被视为机构和组织的资源[126]。根据这一观点，角色根据文化认可、文化评价、社会可及性和情境偶然性而变化。角色还有四种用途：定义自我、思考、行动和实现政治目的。

角色理论倾向于一次只研究一个角色，或者叫作“单一角色占用”。角色传统上被认为是离散的心理现象，从一个角色转换到另一个角色就好比脱下一顶帽子戴上另一顶帽子[127]。然而，Lynch[124]试图通过一种被称为"同时的角色凸显"的认知类型学，将角色扮演的概念扩展到涵盖多个和重叠的角色。这种方法的目标是同时包括社会规范传统的角色内部和角色之间的紧张关系。这种方法包括角色灵活性（Role Flexibility）和角色渗透性（Role Permeability）的概念。角色灵活性指的是角色发生的时间和地点。角色渗透性指的是一个人在履行一个角色的同时又关心另一个角色的程度（例如，在办公室工作却担心家里的问题）。这种方法使人们可以转移、改变和合并他们同时扮演的各种角色的边界和界限，例如，从"学生"和"护士"到"学生护士"，从"雇员"和"母亲"到"职场妈妈"等。由此产生了三个重要的角色相关的概念，即角色模糊（Role Ambiguity）、角色冲突（Role Conflict）和角色过载（Role Overload）。角色模糊是指对自己的角色期望的不确定，以及对于如何满足角色期望的不确定[84]。角色冲突是指人们所承担的各种社会义务之间的不相容，它可以发生在角色内部（角色内冲突）或角色之间（角色间冲突）。角色过载是指集中于个人的各种角色期望过多，使得个体缺少满足各种角色期望的资源（包括时间、认知、脑力、人力资源等）。

在本研究的情境下，我们从社交媒体用户社交联系多样性的角色视角出发，探究角色相关问题对于用户潜水的影响机制。处于角色模糊下的人们，通常不清楚自己的角色所赋予他的职责、义务等。角色模糊通常发生在人们进入一个陌生的工作环境中担任一个新的角色，这时由于经验的不足而不能清楚地把握角色的内涵[128,129]。而在社交媒体上人们互动的对象是一些长期交往的朋友，并且拥有自我身份，所以他们所拥有的角色相对固定，并且由于长期担任这些角色而对这些角色的职责、义务等都比较清楚。所以，社交媒体上独特的社交环境并不会增加人们的角色模糊，本研究也将不考虑角色模糊的作用。因此，本研究将从角色冲突和角色过载两个方面入手，探究角色压力问题对于社交媒体用户潜水行为的影响机制。

此外，传统的角色理论[119]适合于解释感知到的社交网络多样性的程度，但由于其在阐述用户的动机行为方面存在缺陷而对潜水行为缺乏解释力。也就是说，角色压力是如何增加用户在社交互动过程中对于社交压力的认知并最终选择潜水的这一过程，角色理论缺乏相应的解释力。因此，我们引入了倦怠理论来解释角色压力是如何增加用户的社交负担，并最终导致其潜水行为的内在机制。

3.1.3 倦怠理论

倦怠（Burnout）最早是由Freudenberger[130]在研究企业员工的情境下提出的，他认为职业倦怠（Job Burnout）是一种最容易在服务行业中出现的情绪性耗竭的症状，是员工在工作重压下产生的身心疲劳与耗竭的状态。对人工服务专业人员工作压力研究感兴趣的研究者似乎一致认为，倦怠这一概念能很好地表达一些人工服务员工所经历的感受[131]。人工服务机构的专业人员由于经常被要求花费大量时间与他人密切接触，员工与客户的互动通常是以客户当前的问题（心理、社会或身体）为中心的，因此充满了愤怒、尴尬、恐惧或绝望的情绪。这些问题的解决办法并不总是显而易见和容易获得的，因此增加了模糊和沮丧的情况。对于那些在这种情况下不断帮助他人的专业人士来说，长期的压力可能会让人情绪低落，并带来精疲力竭的风险。

倦怠理论常用于研究工作压力对人工服务机构的专业人员的影响，许多关于倦怠现象的概念化测量方法也被提出。在这些测量方法中，Maslach等[132]基于1 025名从事各种各样职业的人工服务专业人员样本，开发的“马氏倦怠量表（Maslach Burnout Inventory，MBI）”是最有影响力的实证方法之一。具体地说，MBI用于评估员工工作压力感受包括三个维度：（1）情感耗竭（Emotional Exhaustion）；（2）去人格化（Depersonalization）；（3）低个人成就感（Low Personal Accomplishment）。其中，情感耗竭是指没有活力、没有工作热情、感到自己的情感处于极度疲劳的状态，它被认为是职业倦怠的核心维度，并具有最明显的症状表现。去人格化是指刻意在自身和工作对象之间保持距离，对工作对象和环境采取冷漠、忽视的态度，对工作敷衍了事，个人发展停滞，行为怪僻等。低个人成就感是指倾向于消极地评价自己，并伴有工作能力体验和成就体验的下降，认为工作不能发挥自身才能，而且是枯燥无味的烦琐事务。

倦怠是一种情绪疲惫和愤世嫉俗的综合征，经常发生在从事某种“与人共事”的个体之间[132]。倦怠的一个关键方面是情绪耗竭感的增加。随着员工们的情感资源被耗尽，员工们会感到他们不再能够在心理层面上奉献自己。另一个方面是对客户消极的、愤世嫉俗的态度和感觉的发展。这种对客户的负面反应可能与情感耗竭的体验有关，同时，这种对他人的冷漠甚至非人的看法会导致员工认为他们的客户在某种程度上应该为他们的麻烦负责，而且这种对客户的消极态度在人工服务专业人士中普遍存在。倦怠的第三个方面是倾向于消极地评价自己，尤其是与客户的工作，员工对自己不满意，对自己在工作上的成就不满意。

职业倦怠的后果对员工、客户以及与他们互动的大型机构来说可能非常严重。研究表明，职业倦怠会导致员工提供的护理或服务质量下降，是导致员工离职、旷工和士气低落的一个重要因素[133-135]。此外，职业倦怠也与各种自我报告的个人痛苦指数有关，包括身体疲惫、失眠、酗酒和吸毒的增加，以及婚姻和家庭问题[136]。特别地，倦怠理论也常用于解释员工感知到的角色压力对其工作和家庭的影响。Schwab和Iwanicki[137]对469位马萨诸塞州教师的问卷调查发现，教师感知到的角色冲突与教师职业倦怠的两个方面（情感耗竭和对学生的消极态度）显著相关，角色模糊与低个人成就感显著相关。Bacharach等[138]对护士人员和工程师家庭与工作之间的冲突研究发现，角色冲突和角色过载对于员工的职业倦怠和不满意度有着正向影响。

在社交媒体的情境下，研究者也基于倦怠理论来探究用户在社交媒体的使用过程中所产生的倦怠情绪对其使用行为产生的影响。其中，社交媒体疲劳这一概念由倦怠这一概念发展而来，是倦怠理论在信息系统领域最重要的拓展。鉴于倦怠理论对于角色压力对职业倦怠和离职的影响有着很好的解释力，在本研究的情境下，我们引入倦怠理论来解释用户感知到的角色压力如何引起其感知到的社交媒体疲劳情绪，并最终导致其潜水行为的内在机制。

将倦怠理论从工作情境下延伸到社交情境下，有学者提出了社交媒体疲劳这一情境化的新概念。社交媒体疲劳（Social Media Fatigue），也被称为社交网络疲劳（Social Network Fatigue），是倦怠理论在信息系统领域的重要扩展。Gartner公司在2010年12月和2011年1月调查了11个发达和发展中市场的6 295名受访者，年龄在13岁到74岁之间。消费者被问及他们对社交媒体网站的使用情况和看法，目的是调查社交媒体的使用趋势以及不同国家的用户对社交媒体的热情程度。这项调查结果显示，社交媒体市场有成熟的迹象，某些细分市场的一些用户出现了"社交媒体疲劳"。

特别地，Ravindran等[139]将社交媒体疲劳定义为"一种由于社交网络使用和交互所产生的主观的、多维度的情绪，包括疲惫、烦恼、气愤、失望、谨慎、缺乏兴趣和积极性"。Bright等[140]认为社交媒体疲劳是指社交媒体用户由于过多的媒体使用、过多的信息消费、过多的社交互动，以及因维持社交关系而过度耗费的时间等因素，开始厌倦社交媒体并希望从社交媒体中退出的意愿及趋势。Lee等[141]将社交媒体疲劳定义为一种主观的、自我评估的使用SNS的疲劳感。作为社交媒体疲劳的结果，它会以负面的方式影响SNS的使用，如SNS活动的中断或退出压力环境。Zhang等[98]将社交媒体疲劳定义为由SNS的社交活动所带来的负面情绪，包括疲倦、厌倦、精力衰退、漠不关心、缺乏兴趣等。

现有关于社交媒体疲劳的研究主要集中于其前置因素的探讨上。其中，Bright等[140]从社交媒体信心、自我效能、隐私和有用性四个方面研究了社交媒体疲劳的影响因素。Zhang等[98]基于压力-负担-结果框架，从系统特征过载、信息过载和社交过载三个方面探究了社交媒体疲劳的前因和后果。Lee等[141]从信息特征和系统特征两个方面，探究了信息过载、沟通过载和系统特征过载对社交媒体疲劳的影响。刘鲁川等[99]则基于扎根理论从个人因素和环境因素两个方面探究了社交媒体疲劳对社交媒体消极使用行为的影响。Dhir等[142]基于压力-负担-结果框架，探究了媒体强迫使用和害怕错过对社交媒体疲劳的影响，以及社交媒体疲劳对焦虑和抑郁情绪的影响。特别地，Ravindran等[139]采用深度访谈的方法对社交网络疲劳的前因进行了总结，最终聚类出五种压力源：社交动态相关的（Social Dynamics Related）、内容相关的（Content Related）、沉浸相关的（Immersion Related）、平台相关的（Platform Related）以及生命周期相关的（Life Cycle Related）（详见表3-1）。

表3-1 **社交媒体疲劳指标与起因映射**

项目	定义	疲劳指标/情绪	起因/来源
社交动态	由用户对社区中社交网络成员如何回应或不回应而引起的压力或负面情绪	疲倦，不堪重负	大量的成员回应
		烦恼，愤怒，挫败	没有成员回应
		丧失兴趣，失望，厌倦	可预见的成员回应
		戒备，疲倦	不需要的成员监视
内容	由用户对网络内容的感知而引起的失望或相关情绪	失望，挫败	无趣的/低价值的内容
		厌倦，疲倦	无聊的内容
沉浸	意识到可控的/不可控制的成瘾或沉浸倾向对社交活动的影响或不影响：由于感觉在网络上花费了过多的时间而引起的	意识到社交媒体的过度使用	用户感觉沉溺社交媒体
		意识到社交媒体活动干扰其他重要的事情，希望调节社交媒体的使用时间	用户感觉与其他任务相比把时间放在社交媒体上是一种浪费
		挫败，失控	用户感觉无法控制对社交媒体的使用
平台	由于社交媒体的特定设计特性（例如，界面特征、隐私特征）或不需要的更改所引起的不满/烦恼等相关情绪	不满意，恼火	社交媒体的设计不能迎合用户的偏好
		烦恼	社交媒体界面不需要的改变
生命周期	没有明显的压力源：在最初的高活动阶段后，由于兴趣或需求的降低而导致使用的减少	在最初的高活跃阶段过后活跃度降低	使用一段时间后热情自然消退
		低需求，低兴趣	用户社区随着时间的推移已经成熟

综上所述，社交媒体疲劳体验可能源于社区成员的社交动态以及过多或过少的社交互动，社交媒体上低价值或无聊的内容，不可控制地成瘾或沉溺于社交媒体活动，社交媒体平台设计的不合理或不必要更改，以及社交媒体的生命周期。这些来自不同方面的压力耗费了用户过多的

时间和精力，从而使用户感到疲惫不堪。疲劳体验的强度连续性变化，范围从轻度或短暂的体验到更深度的体验，最终可能导致用户决定退出压力环境。因此，由于疲劳体验，用户被发现在社交环境中休息片刻、降低活跃度或完全暂停社交媒体活动[139]。

本研究将基于刺激-机体-反应框架，从角色视角出发，探究社交媒体环境和用户的社交网络多样性对其社交活动产生的认知压力（角色冲突和角色过载），以及由此引起的用户社交媒体疲劳体验，并最终导致其潜水的内在机制。因此，本研究中对于社交媒体疲劳的定义为用户由于应对社交媒体上的各种社交活动而引起的身心疲惫、厌倦、精力衰竭、兴趣降低等疲劳情绪。

3.2 研究假设与模型构建

本章研究基于SOR框架，提出了社交媒体沟通环境对用户潜水意向的影响模型。总体而言，该模型表明，社交网络规模会增加用户对角色冲突和角色过载的感知，媒体能力会增加用户对角色冲突和角色过载的感知，用户感知到的角色冲突和角色过载会使用户产生社交媒体疲劳感从而导致用户的潜水意向。具体的研究模型如图3-1所示。

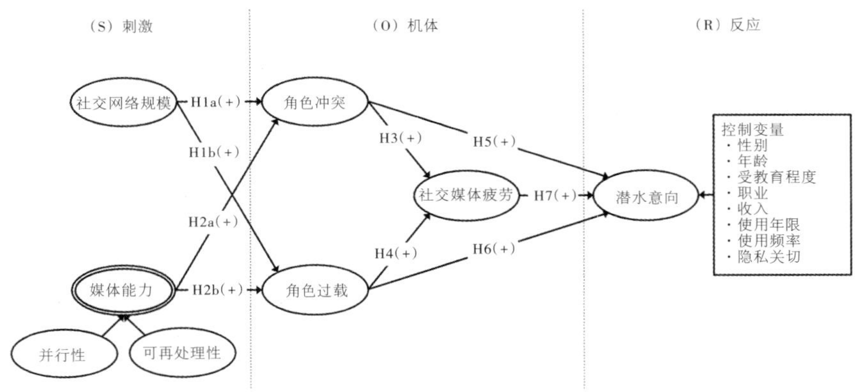

注：单线椭圆框代表一阶构念，双线椭圆框代表二阶构念，矩形框代表控制变量。

图3-1 研究1理论模型

3.2.1 社交环境对角色压力的影响

随着社交媒体的兴起，人们的各种社交联系逐渐地由线下转移到了线上，用户在社交媒体上的联系人数量也越来越多。据报道，每个微信用户的平均好友数约为128个，并且这个数量在工作以后还会持续增加[18]，每个Facebook用户的平均好友数约为338个[19]。随着联系人数量的增多，用户在社交媒体上的社交圈子也越来越多、越来越复杂，各种各样的社交联系（如领导、老师、同事、同学、朋友、亲戚等）都被加入进来。在不同的社交圈子，人们扮演着不同的角色，同时也承担着不同的角色期望。各种各样的角色期望交织在一起就会引起两个问题：一个是由于不同的角色期望之间的不兼容而难以调和所引起的角色冲突问题；另一个是由于角色期望过多而疲于应对所引起的角色过载问题[21,143]。由此，提出如下假设：

H1a：用户在社交媒体上的社交网络规模越大其感知到的角色冲突越强烈。

H1b：用户在社交媒体上的社交网络规模越大其感知到的角色过载越强烈。

社交媒体为用户提供了一个独特的社交环境，使用户的社交行为摆脱了时间和空间的束缚。在社交媒体上，用户所有的社交圈子都被并置在了一起，他们可以随时随地访问社交媒体并与来自不同圈子的联系人一起互动。在这种情境下，用户就不得不同时承担多种角色，当来自不同角色的角色期望交织在一起并同时作用在用户身上时，就给用户带来了巨大的角色压力。一方面，由于不同的角色之间角色期望通常是冲突的甚至是不可调和的，从而会引起用户对于角色冲突的感知；另一方面，由于角色过多使得用户在有限的时间和精力范围内无法满足所有的角色期望，从而引起用户对角色过载的感知。由此，提出如下假设：

H2a：社交媒体的媒体能力会增加用户对角色冲突的感知。

H2b：社交媒体的媒体能力会增加用户对角色过载的感知。

3.2.2 角色压力对社交媒体疲劳的影响

在社交媒体上，人们要与来自不同社交圈子的好友进行互动，面对不同的社交圈子人们通常要扮演不同的角色，而不同的角色赋予了人们不同的角色期望和行为规范。人们要维护与他人的关系，在他人面前树立一个良好的形象，就必须遵守这些行为规范并不断满足别人对其的角色期望。社交媒体是一个开放的平台，用户需要同时扮演多种角色，因此会时常面对角色冲突的情境[21]。在角色冲突的情境下，来自不同角色的期望通常是矛盾的，当满足一部分人的角色期望时就不能满足其他人的角色期望。因此，用户就需要耗费大量的时间和精力去平衡这些冲突的行为，尽量让其言行举止满足各方期望，以免受到他人的负面评价。时常处于角色冲突情境下的社交媒体用户会因过多的精力耗费和担心不能处理好各种冲突行为而感到疲惫不堪。由此，提出如下假设：

H3：用户感知到的角色冲突正向影响其感知到的社交媒体疲劳。

用户在社交媒体上扮演着各种各样的角色，并且需要遵守各种各样的行为规范。当与不同的社交圈子进行互动时，用户就需要在不同的角色之间进行转换，并不断应对来自各种角色的角色期望[79]。在社交媒体环境下，角色过载变得更加凸显[21]。由于每个人的时间和精力都是有限的[86]，面对过多的角色期望用户就必须在有限的时间内进行高强度社交互动，或者花费更多的时间来应对各种角色期望。角色过载会因过多地占用用户有限的认知资源而使用户疲于应对[87]，从而产生社交媒体疲劳感。由此，提出如下假设：

H4：用户感知到的角色过载正向影响其感知到的社交媒体疲劳。

3.2.3 角色压力与社交媒体疲劳对潜水的影响

在社交媒体上，用户扮演着各种各样的角色，并承担着来自各种角色的角色期望。当这些不同的角色期望交织在一起，使得它们相互抵触，不能同时满足时就引起了角色冲突。角色冲突给用户造成了一种两难的局面，使得用户在满足一个人的角色期望时就不能满足其他人的角色期望[21]。所以，用户要想按照自己的意愿去发布内容，就不得不打破一些规则，违背某些人的期望[128]。而这样的后果就是用户会因未达成别人的期望，而遭受他们的负面评价甚至惩罚。冲突的不可调和性使得用户不可能做到两全其美。为了避免遭受这样的负面评价和可能的惩罚，他们就不得不采取社交规避的策略，以保证自己的社交安全。潜水作为社交规避的一种，是规避角色冲突风险的一种安全的社交策略，不参与社交互动也就不会受到潜在的冲突威胁。因此，在社交媒体上用户感知到的角色冲突程度越高其潜水意向也就越强烈。由此，提出如下假设：

H5：用户感知到的角色冲突正向影响其潜水意向。

用户在社交媒体上拥有各种各样的社交圈子，这些社交圈子都赋予了其相应的角色和角色期望。用户在面对如此多的角色期望时，由于个人时间和精力的限制，而无法满足所有的角色期望时，就会产生角色过载。为了应对过多的角色期望，用户就必须付出更多的努力和资源，从而将大量的时间和精力花费在社交媒体互动上来。这将严重影响他们的日常生活，甚至给他们的工作和其他重要的事情造成干扰[98,139]。为了减少这种干扰和不良影响，他们就需要从过多的社交互动中摆脱出来，因此，潜水就成为用户摆脱角色过载压力的解决措施。由此，提出如下假设：

H6：用户感知到的角色过载正向影响其潜水意向。

社交媒体疲劳是由过多的社交压力引发的一种心理和情感上的不堪重负，是压力在心理上的一种反映[144]。如果一个人由于压力而产生了情感疲惫，那么他便会试图对目前的情况做一些改变，比如不继续进行这种具有压力的行为[145]。在社交媒体中，用户由于社交互动中的角色压力过大而产生了社交媒体疲劳感，从而表现出一种对于达到他人期望的难以实现和力不从心。为了避免这种消极情绪给其身体和心理上带来的负担，用户就会在社交媒体上选择社交规避的策略。潜水作为一种社交规避策略，能够减少用户在公众视野中暴露的机会，从而避免付出更多的社交努力和认知资源，进而来应对社交媒体疲劳。社交媒体用户正在“去社交化”以屏蔽过度的社交活动带给他们的不良情绪反应，使用动机也逐渐朝着只消费社交内容的单一方向发展[99]。由此，提出如下假设：

H7：用户感知到的社交媒体疲劳正向影响其潜水意向。

除此之外，人口统计学特征（即性别、年龄、学历、职业和收入等）通常被认为会影响社交媒体的使用行为[98,146]。同时，任何媒体的使用都有一个生命周期，随着使用时间的累积，用户对于媒体的使用频率会出现先上升后下降的趋势，因此，社交媒体使用年限和使用频率也被作为控制变量加入模型。先前的研究还证实了隐私关切[146,147]对社交媒体上的发布行为有影响。特别地，隐私关切也被认为是潜水的关键影响因素[28,30]。因此，所有这些因素都被作为潜水意向的控制变量纳入了研究模型（如图3-1所示）。

3.3 研究方法

3.3.1 量表设计

这项研究的量表均引用自前人研究的成熟量表，并基于本研究的情境做了适当调整。特别地，社交网络规模用社交媒体用户的联系人数量来度量。由于原始量表是英文的，我们首先将量表翻译成中文，然后再翻译回英文（即从中文译成英文）[98]。该过程由作者本人完成，并经两位相关领域精通中文和英文的教授确认无误，解决了翻译过程中存在的分歧和矛盾之处，以确保最终量表具有较高的质量。在进行正式调查之前，我们组成了一个由3名来自信息系统研究领域的研究人员和5名经验丰富的社交媒体用户的研究生组成的焦点小组，以进一步确认这些题项的可靠性。之后我们对15名社交媒体的学生用户进行了预测试，并与受试者进行了面对面的访谈，从而收集了他们对问卷的意见。在分析了受试者的反馈意见之后，在进行正式的调查研究之前，对量表进行了一些较小的修订以完善问卷。最终量表在附录A1中列出。所有题项均使用从“（1）非常不同意”到“（7）非常同意”的七级李克特量表进行测量。

3.3.2 数据收集

我们开发了一个基于网页的调查问卷，以测量用户使用社交媒体的相关研究变量和基本人口统计学信息。在这项研究中，我们将国内目前最流行的微信朋友圈作为目标的社交媒体网站。我们在中国专业在线问卷调查平台sojump.com上采用滚雪球技术进行调查。为了激励受试者，我们为每位受试者提供了1元到2元人民币的报酬。问卷发布一周的时间内，共回收683份回复，剔除了不认真答题的问卷后，最后得到491份有效问卷。通过比较早期和晚期受试者所有变量和人口统计学特征的均值，我们检验了样本的无响应偏差，t检验结果未发现显著差异。因此，我们将这491份有效问卷用于最终的结果分析当中。表3-2显示了样本人口统计数据。

表3-2 受试者人口统计学特征

人口统计学特征	类别	频数	百分比（%）
性别	男	220	44.81
	女	271	55.19
年龄	19岁及以下	13	2.65
	20~29岁	281	57.23
	30~39岁	134	27.29
	40~49岁	55	11.20
	50岁及以上	8	1.63
受教育程度	高中以下	3	0.61
	专科	26	5.30
	本科	200	40.73
	硕士	195	39.71
	博士	67	13.65
职业	学生	193	39.31
	公务员	6	1.22

续表

人口统计学特征	类别	频数	百分比（%）
	事业单位职工	68	13.85
	企业员工	181	36.86
	个体经营者	6	1.22
	其他	37	7.54
收入（元/月）	≤2 000	115	23.42
	≤5 000且>200	59	12.02
	≤8 000且>5 000	111	22.61
	≤15 000且>8 000	74	15.07
	>15 000	132	26.88
联系人数量（人）	≤50	40	8.15
	≤100且>50	75	15.28
	≤150且>100	66	13.44
	≤200且>150	83	16.90
	≤250且>200	55	11.20
	≤300且>250	49	9.98
	≤350且>300	31	6.31
	>350	92	18.74
使用年限（年）	≤1	4	0.81
	≤2且>1	28	5.71
	≤3且>2	102	20.77
	≤4且>3	119	24.24
	≤5且>4	84	17.11
	>5	154	31.36
使用频率	每小时几次	322	65.58

续表

人口统计学特征	类别	频数	百分比（%）
使用频率	每天几次	154	31.37
	每周几次	13	2.65
	每月几次	1	0.20
	更少	1	0.20
合计		491	100

3.4 数据分析

我们使用SmartPLS 3.0检验提出的模型和假设检验。PLS-SEM建模在目前的研究中比较流行，特别是它所具有的一些独特优势，例如，对测量规模、样本分布和样本大小的要求较低。PLS-SEM分析的主要目的是最大限度地解释模型的内生变量的方差[148]。它擅长因果关系推断，尤其是针对那些复杂且几乎没有建立基础的假设关系[32]。我们之所以选择PLS-SEM，是因为它旨在帮助以发现为导向的或理论开发过程类的研究，从而寻求和确定一个构念的关键驱动因素，并能够处理复杂的潜变量模型，尤其是那些具有大量题项的潜变量[149,150]。在只有反映型构念的研究模型中，PLS-SEM所需的样本量至少是指向某一内生变量最大路径数的10倍[151]。在我们的研究模型中，所有潜变量都是反映型构念，指向内生变量的最大路径数为11。因此，样本量491足以使用PLS技术分析本研究模型。

3.4.1 共同方法偏差检验

与所有自我报告的数据存在的局限一样，可能由一致性动机和社会期许等多种来源导致共同方法偏差问题[152,153]。我们通过统计分析来评估共同方法偏差的严重性程度。首先，根据Podsakoff和Organ[152]提供的检验方法，Harmon单因子分析技术被用于检验模型中的7个构念的测量结果是否存在共同方法偏差问题，包括：并行性、可再处理性、角色冲突、角色过载、社交媒体疲劳、潜水意向和隐私关切。检验结果表明，由一个因子解释的最大协方差是29.064%。因此，没有一个单一的因子可以解释大多数的方差，这表明共同方法偏差不会对结果产生影响。其次，我们使用了Malhotra等提出的标记变量法来帮助检验和控制共同方法偏差问题[154]。为了使用标记变量法，我们仔细考虑了与该研究现象无关的变量。最终，我们选取了时尚意识（Fashion Consciousness）这一与研究主题无关的构念作为标记变量，时尚意识是指人们对于着装的重视程度[155]。结果表明，路径系数和模型拟合值与原始估计值一致（见表3-3）。因此，我们得出结论，共同方法偏差在本研究中并不是一个严重的问题。

表3-3　标记潜变量法检验共同方法偏差

关系	不含标记变量		含标记变量	
	路径系数	p-值	路径系数	p-值
社交网络规模 → 角色冲突	0.098*	0.029	0.097*	0.031
社交网络规模 → 角色过载	0.106*	0.020	0.100*	0.027
媒体能力→ 角色冲突	0.116*	0.019	0.113*	0.021
媒体能力→ 角色过载	0.132*	0.012	0.119*	0.020
角色冲突 → 社交媒体疲劳	0.229***	0	0.232***	0
角色过载 → 社交媒体疲劳	0.389***	0	0.383***	0
角色冲突 → 潜水意向	0.100*	0.048	0.120*	0.029
角色过载 → 潜水意向	0.111*	0.034	0.127*	0.018
社交媒体疲劳 → 潜水意向	0.409***	0	0.449***	0

注：* $p<0.05$，*** $p<0.001$。

3.4.2　测量模型检验

测量模型评估的目的是确保测量题项的信度、聚合效度和区别效度。检验题项信度的通用方法包括查看每个题项的因子载荷是否大于0.60，或者在理想的情况下是否大于0.70[156]。本研究中所有的题项在其各自的构念上的因子载荷（见表3-4），大多数的因子载荷都大于0.7，只有一个载荷大于0.6，因此证明了测量题项具有较好的信度。如表3-5所示，每个构念的Cronbach's α值和组合信度（Composite

Reliability，CR）均高于阈值0.8；所有构念的平均方差萃取值（Average Variance Extracted，AVE）均大于0.5，rho_A值也大于0.7[157]，因此满足内部一致性标准。测量模型评估的第三步是检验其区别效度。如表3-6所示，根据神速福内尔-拉克尔（Fornell-Larcker）准则，AVE的平方根（对角线中的粗体数字）高于潜变量与其他潜变量之间的相关系数[158]。如表3-7所示，相关性的异质-单质比值（Heterotrait-Monotrait Ratio）低于0.9的阈值[157]。这些结果提供了足够的证据证明这些构念具有较好的区别效度。当题项在其目标构念上的因子载荷高于其在模型中其他构造上的因子载荷时，可进一步确定区别效度。表3-4列出了本研究中所有题项的交叉因子载荷，结果表明所有题项在其目标构念上的载荷比在其他任何构念上的载荷更高。因此，测量模型具有较好的区别效度。

表3-4 **交叉因子载荷矩阵**

	Par	Rep	MC	RC	RO	SMF	LI	PC
Par1	**0.896**	0.642	**0.835**	0.078	0.112	0.002	0.035	0.164
Par2	**0.846**	0.532	**0.749**	0.104	0.080	−0.043	0.002	0.101
Par3	**0.899**	0.635	**0.833**	0.142	0.120	0.011	0.060	0.160
Par4	**0.853**	0.641	**0.811**	0.057	0.085	−0.036	0.045	0.161
Rep1	0.653	**0.901**	**0.840**	0.089	0.115	0.026	0.049	0.160
Rep2	0.646	**0.907**	**0.840**	0.081	0.135	0.051	0.078	0.206
Rep3	0.540	**0.823**	**0.737**	0.157	0.158	0.088	0.085	0.154
Rep4	0.575	**0.809**	**0.748**	0.098	0.104	0.043	0.101	0.123
RC1	0.035	0.056	0.049	**0.772**	0.448	0.327	0.304	0.109
RC2	0.053	0.050	0.056	**0.765**	0.517	0.328	0.277	0.215
RC3	0.166	0.163	0.178	**0.831**	0.584	0.391	0.333	0.253
RC4	0.083	0.106	0.103	**0.849**	0.576	0.491	0.417	0.256
RO1	0.180	0.235	0.225	0.551	**0.649**	0.288	0.218	0.168
RO2	−0.007	0.046	0.021	0.553	**0.800**	0.411	0.323	0.247

续表

	Par	Rep	MC	RC	RO	SMF	LI	PC
RO3	0.087	0.086	0.094	0.550	**0.788**	0.395	0.344	0.237
RO4	0.217	0.215	0.234	0.450	**0.728**	0.408	0.357	0.248
RO5	0.034	0.061	0.051	0.512	**0.860**	0.483	0.391	0.230
RO6	0.050	0.085	0.073	0.515	**0.823**	0.502	0.412	0.256
SMF1	0.117	0.158	0.149	0.368	0.382	**0.735**	0.389	0.245
SMF2	-0.028	0.052	0.013	0.467	0.544	**0.921**	0.567	0.256
SMF3	-0.044	0.007	-0.020	0.415	0.461	**0.902**	0.507	0.281
SMF4	-0.083	0.004	-0.043	0.410	0.447	**0.847**	0.472	0.254
LI1	0.086	0.106	0.104	0.380	0.396	0.507	**0.910**	0.331
LI2	0.051	0.071	0.066	0.347	0.393	0.471	**0.917**	0.299
LI3	0.119	0.155	0.148	0.371	0.398	0.480	**0.916**	0.331
LI4	-0.116	-0.026	-0.078	0.362	0.362	0.526	**0.725**	0.294
PC1	0.098	0.119	0.117	0.260	0.269	0.249	0.330	**0.817**
PC2	0.153	0.155	0.167	0.199	0.225	0.258	0.287	**0.860**
PC3	0.150	0.192	0.185	0.230	0.273	0.283	0.326	**0.899**
PC4	0.186	0.186	0.201	0.224	0.264	0.254	0.307	**0.886**

注：并行性（Par），可再处理性（Rep），媒体能力（MC），角色冲突（RC），角色过载（RO），社交媒体疲劳（SMF），潜水意向（LI），隐私关切（PC）。

表3-5 **信度检验**

构念	AVE	CR	Cronbach's α	rho_A
媒体能力	0.641	0.934	0.919	0.921
角色冲突	0.648	0.880	0.821	0.842
角色过载	0.605	0.901	0.868	0.879
社交媒体疲劳	0.730	0.915	0.874	0.893
潜水意向	0.758	0.926	0.890	0.891
隐私关切	0.750	0.923	0.889	0.890

注：平均方差萃取（AVE），组合信度（CR）。

表3-6　　**区分效度检验：福内尔-拉克尔准则**

	Par	Rep	RC	RO	SMF	LI	PC
媒体能力（MC）	—						
并行性（Par）	0.925	**0.874**					
可再处理性（Rep）	0.921	0.703	**0.861**				
角色冲突（RC）	0.125	0.109	0.121	**0.805**			
角色过载（RO）	0.142	0.114	0.148	0.664	**0.778**		
社交媒体疲劳（SMF）	0.022	−0.018	0.059	0.488	0.541	**0.854**	
潜水意向（LI）	0.071	0.041	0.090	0.421	0.446	0.572	**0.871**
隐私关切（PC）	0.193	0.169	0.188	0.265	0.299	0.302	0.362

注：（1）对角线加粗部分为AVE值的平方根；（2）对角线下方的部分为潜变量相关系数。

表3-7　　**区分效度检验：相关的异质-单质比率**

	并行性	Rep	RC	RO	SMF	LI
可再处理性（Rep）	0.787					
角色冲突（RC）	0.125	0.139				
角色过载（RO）	0.142	0.179	0.79			
社交媒体疲劳（SMF）	0.094	0.084	0.561	0.609		
潜水意向（LI）	0.120	0.121	0.482	0.500	0.644	
隐私关切	0.189	0.211	0.301	0.337	0.344	0.406

由于模型中的媒体能力是形成型的二阶构念，我们采用了Ou等[159]的方法来检验形成型二阶构念的多重共线性问题，并分两个阶段分别使用了重复指标方法和潜变量得分方法。首先，我们使用反映型重复指标方法对从一阶构念到二阶构念的路径进行建模，以获得一阶构念的潜变量得分。然后，将一阶构念的潜变量得分用作二阶构念的形成型度量。对于这些形成型的二阶构念，一阶构念之间的共线性可能会威胁到形成型度量的有效性[159]。因此，使用方差膨胀因子（Variance Inflation Factor，VIF）来测试形成型度量（即形成型二阶结构的一阶构

念）之间的相关性。如表3-8所示，并行性和可再处理性的VIF的值都是1.976，小于可接受的阈值3.3[160,161]。这表明多重共线性对该研究来说不是一个严重的问题。因此，我们证实了媒体能力可以被概念化为一种形成型的二阶构念，图3-2给出了二阶构念的检验结果。

表3-8　　形成型二阶构念方差膨胀因子

二阶构念	一阶构念	方程膨胀因子（VIF）
媒体能力	并行性	1.976
	可再处理性	1.976

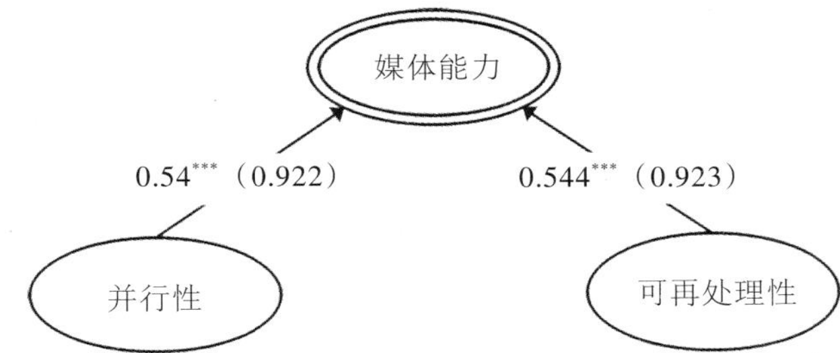

注：***p<0.001；n1（n2）：n1代表权重，n2代表载荷。

图3-2　二阶形成型构念模型检验

3.4.3　结构模型检验

图3-3给出了结构模型的检验结果。我们使用SmartPLS 3.0提供的Bootstrapping的方法来确定每个路径系数的t值和显著性水平。该模型解释了潜水意向40.7％的方差、社交媒体疲劳32.2％的方差、角色冲突2.5%的方差和角色过载3.2％的方差。

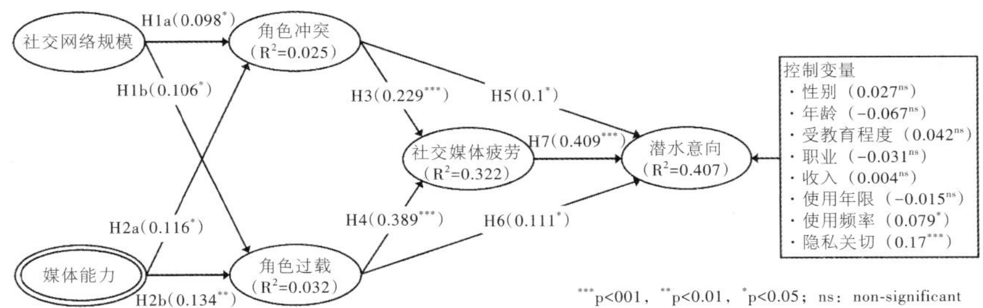

图3-3　研究1模型检验结果

如图3-3所示，所有的假设都得到了支持，具体结果如下：

（1）用户在社交媒体上的社交网络规模与其感知到的角色冲突之间的路径系数为（$\beta=0.098$，$t=2.165$，$p<0.05$），即用户在社交媒体上的社交网络规模越大，其感知到的角色冲突就越强。

（2）用户在社交媒体上的社交网络规模与其感知到的角色过载之间的路径系数（$\beta=0.106$，$t=2.319$，$p<0.05$），即用户在社交媒体上的社交网络规模越大，其感知到的角色过载就越强。

（3）社交媒体的媒体能力与其感知到的角色冲突之间的路径系数为（$\beta=0.116$，$t=2.41$，$p<0.05$），即社交媒体的媒体能力正向影响用户感知到的角色冲突。

（4）社交媒体的媒体能力与其感知到的角色过载之间的路径系数为（$\beta=0.134$，$t=2.648$，$p<0.01$），即社交媒体的媒体能力正向影响用户感知到的角色过载。

（5）用户感知到的角色冲突与其感知到的社交媒体疲劳之间的路径系数为（$\beta=0.229$，$t=4.193$，$p<0.001$），即用户感知到的角色冲突程度越高其感知到的社交媒体疲劳程度也越高。

（6）用户感知到的角色过载与其感知到的社交媒体疲劳之间的路径系数为（$\beta=0.389$，$t=7.204$，$p<0.001$），即用户感知到的角色过载程度越高其感知到的社交媒体疲劳程度也越高。

（7）用户感知到的角色冲突与其在社交媒体上的潜水意向之间的路径系数为（$\beta=0.1$，$t=1.996$，$p<0.05$），即用户感知到的角色冲突程度越高其在社交媒体上的潜水意向也越高。

（8）用户感知到的角色过载与其在社交媒体上的潜水意向之间的路径系数为（$\beta=0.111$，$t=2.127$，$p<0.01$），即用户感知到的角色过载程度越高其在社交媒体上的潜水意向也越高。

（9）用户感知到的社交媒体疲劳与其在社交媒体上的潜水意向之间的路径系数为（$\beta=0.409$，$t=9.194$，$p<0.001$），即用户感知到的社交媒体疲劳程度越高其在社交媒体上的潜水意向也越高。

在控制变量中，使用频率和隐私关切在统计学上是显著的。使用频率和隐私关切都会增加用户在社交媒体上的潜水意向，即用户的使用频率越高其体会到的角色压力和疲惫情绪就越多，从而更加愿意潜水。这可能是由于使用频率越高的用户越在意发生在别人身上的事情，时刻都在关注着他人的动态，而自己可能大多数时候都处于潜水状态。此外，用户也会因为担心个人隐私受到侵犯而选择潜水行为。假设检验结果汇总见表3-9。

表3-9 **模型假设检验结果**

假设内容	是否得到支持
H1a：用户在社交媒体上的社交网络规模越大其感知到的角色冲突越强烈	支持
H1b：用户在社交媒体上的社交网络规模越大其感知到的角色过载越强烈	支持
H2a：社交媒体的媒体能力会增加用户对角色冲突的感知	支持
H2b：社交媒体的媒体能力会增加用户对角色过载的感知	支持
H3：用户感知到的角色冲突正向影响其感知到的社交媒体疲劳	支持
H4：用户感知到的角色过载正向影响其感知到的社交媒体疲劳	支持
H5：用户感知到的角色冲突正向影响其潜水意向	支持
H6：用户感知到的角色过载正向影响其潜水意向	支持
H7：用户感知到的社交媒体疲劳正向影响其潜水意向	支持

3.4.4 模型拟合度评估

我们通过检验标准化的均方根残差（Standardized Root Mean Square Residual，SRMR）、未加权最小二乘偏差（Unweighted Least Squares Discrepancy，dULS）和测地误差（Geodesic Discrepancy，dG）来评估研究模型的拟合优度[157]。SRMR、dULS和dG的值越低，理论模型的拟合度越好[157]。表3-10显示了模型拟合的结果。SRMR值低于阈值0.08，并且所有差异指标的值均低于自举分位数HI95[157]，这表明研究模型与数据之间具有很好的契合性。

表3-10 **模型拟合优度评估**

	值	HI95	结论
SRMR	0.041	0.046	支持
dULS	0.884	1.115	支持
dG	0.326	0.365	支持

3.5 本章小结

本章研究的目的是探究社交媒体独特的沟通环境是如何刺激用户产生社交压力，从而导致用户的潜水行为的。具体地，本章从角色视角出发，基于刺激-机体-反应研究框架，提出了由社交媒体独特的技术特征构造的独特的沟通环境作为刺激因素会导致用户产生对于角色压力和社交媒体疲劳的感知，而这些认知上的压力和疲劳感最终会导致用户的潜水行为。实证研究的结果表明，社交网络规模显著正向影响用户感知到的角色冲突和角色过载，媒体能力显著正向影响用户感知到的角色冲突和角色过载。此外，用户感知到的角色冲突和角色过载显著正向影响用户的社交媒体疲劳体验。最后用户感知到的角色冲突、角色过载和社交媒体疲劳都显著正向影响其潜水意向。

第4章 基于自我差异理论的角色压力对潜水意向的影响机制研究

研究1从社交媒体的技术特征入手，探讨了社交媒体沟通环境是如何引起用户对角色压力的感知并使得用户产生社交媒体疲劳感，从而导致用户的潜水行为的。但是角色压力（角色冲突和角色过载）作为用户社交网络多样性的映射是如何导致用户潜水行为的机制还没有得到回答。为了回答这一问题，本章的研究2将从印象管理的视角出发，整合角色理论和自我差异理论，提出了一个集成的潜水机制模型。该模型以自我差异理论为理论框架，用以探索社交网络多样性对社交媒体用户潜水意向的影响。具体而言，我们将角色冲突和角色过载作为社交网络多样性的代理，并使用自差理论来解释角色压力与潜水意向之间的逻辑关系。角色理论很好地诠释了社交媒体用户社交网络多样性带来的角色问题，但是角色理论本身存在着不足之处。角色理论的批评者认为，当涉及行为的动机方面时，这个理论是脆弱的，因为这个理论并不能很好地解释为什么人们会做出预期的行为[119]。因此，本章研究引入了自我差异理论，并以其为逻辑框架，在角色问题和潜水意向之间搭建了桥梁，弥补了角色理论本身的不足。自我差异理论（Self-Discrepancy Theory，SDT）[162]提供了一个合适的范式，可以进一步解释由于未履行预期职责或期望而引起的用户脆弱情绪，这会直接导致行为结果。通过整合这两个理论，并专注于社交网络的多样性，本章探究了角色冲突和角色过载作为对社交压力的认知，是如何导致用户产生对社交媒体的脆弱情绪，并最终影响他们的潜水意向的。

4.1 理论基础

自我差异理论提出了一种范式来解释在社交对话中未能履行分配的职责、义务和期望而引起的脆弱情感。它指出不同类型的自我差异如何与各种脆弱性情感相关联[162]。该理论提出了以自我状态表示为基础的两个认知维度：自我维度（实际、理想和应该）和立场（自身、他人）。自我差异是这两种自我表征之间的差距，代表了不同类型的负面心理状况如何与不同类型的不适相关。SDT就是用来解释这些差异是如何影响人们的情绪并产生相应的行为结果的[162]。特别地，SDT提供了一个自我与情感之间的关系框架[163]。人们试图通过别人的回应来确认自我的概念，自我和外部行为反馈之间的冲突源于个人或他人的回应。当人们的行为与自己的自我概念不一致时，他们会感到不适。

角色冲突和角色过载源于社交网络，并且能导致角色主体无法适当地处理其行为[84]。当社交对话涉及角色冲突时，用户必须面对同时满足不同群体相互冲突的期望的挑战。此外，当相互交织的社交网络数量过多时，社交对话会使用户疲惫不堪。因此，角色冲突和角色过载会使用户难以在社交媒体上适当地调整其行为，从而导致他们无法满足他人或自己的期望。结果，用户可能会受到他人的负面评价，从而无法维护他们的在线形象。他们的行为举止与他人或自己的期望之间的差异很可能引起他们的反思，并在将来改变自己的行为。SDT对于根据不同的立场以及不同的自我维度来系统地定义不同的自我状态至关重要，从而可以清楚地区分导致两种不同的脆弱情感（社会交往焦虑和失望）的原因。因此，SDT被选择作为本章研究的理论基础。特别地，SDT提出了三种自我维度：实际的自我、应该的自我和理想的自我。

实际的自我（Actual Self）是指某人自己或他人认为你的实际的表现所具有的属性特征[162]。自我理解是个人使用社交媒体的主要动机，因为他们可以通过与他人互动来获得对自己的见解[164]。通过与他人交谈、讨论和回应，或在社交媒体上发布，个人可以进一步理解自己的信念、行为和自我概念。

应该的自我（Ought Self）是某人自己或他人认为你应该的表现所具有的属性特征（即某人对你的职责、义务或责任的期望）[162]。当人们参与社交媒体上的社交互动时，他们会使用与社交网络评估其成员所使用的相同价值来约束自己的行为，并对自己的表现进行自我评估[21]。来自各种社交网络的规范为其他成员评估具体个人提供了参考框架。这些规范包含一系列各种各样的期望，这些期望提醒了人们什么可以做什么不能做。

理想的自我（Ideal Self）是某人自己或他人认为理想状态下你的表现所具有的属性特征（即代表某人对你的抱负或希望）[162]。当一个人出现在其他人的面前时，他/她将有意识地或潜意识地通过调节和控制社交互动中的信息来影响别人对其形象的感知[120]。印象管理也被认为是用户积极参与社交媒体的主要动机[25]，因此，用户想要树立的理想在线形象将是他们理想的自我。例如，在约会网站上人们倾向于通过描述自己的体重明显小于真实的体重来描绘自己理想化的线上形象[165]。社交媒体上的用户也会以自己想要的方式来描述自己（例如，漂亮的、幽默的、专业的等）。

根据上述提到的社交媒体的三个显著的自我状态表示，可以得出两种类型的自我差异，即实际（自己）与应该（他人）之间的差异和实际（自己）与理想（自己）之间的差异。个人的实际行为与重要他人的期望之间的差异（实际/自己：应该/他人）意味着不利的后果出现了，这会由于担心得到别人的惩罚或消极的回应，而引起社交焦虑的情绪[162,166]。个人的实际行为与自己理想的状态之间的差异（实际/自己：理想/自己）则意味着好的结果没有出现，这会由于无法实现自己的抱负而导致失望的情绪[162]。

社交焦虑（Social Anxiety）的定义是有其他人在场时会感到不适[167]，它可以被概念化为对社交环境（想象的或真实的）的负面认知和情感反应[168]。社交媒体上的角色冲突和角色过载恰好造就了这样一个困难的局面，使用户更容易受到负面的评价，从而导致他们的焦虑情绪。社交焦虑是一个宽泛的概念，包括社交恐惧症和社交互动焦虑[169]。社交恐惧症是指被他人观察或监视时会感到焦虑和恐惧，这是社交焦虑的一种极端表现[170]。当有其他人在场的情况下进行某些活动时，个人会感到苦恼。这些活动可能是聚餐、喝酒、写作、签名、使用公共厕所、工作、乘坐公共交通工具、在他人面前行走或只是被别人看着。然而，社交互动焦虑（Social Interaction Anxiety）是一种过分地担心社交场合或与他人的互动，以及受到他人的评价或审查，特别是在公共场合遇到陌生人时[171]。核心关注点包括担心口齿不清、令人厌烦、听起来愚蠢、不知道该说些什么或如何在社交互动中做出反应以及被人冷落或忽视。在本研究中，我们将社交互动焦虑作为社交焦虑的代理，这不仅是因为它的概念是合适的，还因为目前其在社交媒体情境下有着相对准确的度量标准[171-173]。

失望（Disappointment）是用户对与其期望不符的结果的心理反应[174]。它是通过将已获得的结果与更好的结果进行比较而得出的，而该结果可能是由用户做出的相同选择而产生的[175]。这些可能的替代结果或许是真实的，也或许是在反思的过程中产生的可能解释[176]。失望情绪使人们感到自己并不总是能够控制自己的命运，因此他们感到无力掌控[177]。因此，失望的经历包括感到无能为力、无所事事、远离局势、远离事件。此外，在人们认为结果的产生不是他们自己的责任时会产生失望，在这种情况下，令人失望的事件可归因于他人[175]。因此，用户的失望导致他们向服务提供商投诉，并与他人抱怨不良的产品体验[178]。社交媒体为用户提供了一个艰难的社交环境，其中角色冲突和角色过载尤为突出，这也是用户无法控制的。取而代之的是，用户可以很容易地将自己无法确认的期望归因于社交媒体服务本身。因此，失望在这种情况下可以恰当地反映用户的实际情感。

因此，基于SDT，本章研究提出角色冲突和角色过载是用户在社交媒体上无法满足他人期望的主要障碍，这将导致两种自我差异：实际（自己）与应该（他人）之间的差异和实际（自己）与理想（自己）之间的差异。作为自我差异的结果，社交互动焦虑和失望将作为两个关键的中介变量来解释角色压力（即角色冲突和角色过载）与潜水意向之间的影响。

4.2 研究模型与假设

本章研究基于自我差异理论，提出了角色压力对社交媒体用户潜水意向的影响模型。总体而言，该模型表明，角色冲突和角色过载会导致社交互动焦虑和失望，进而影响用户的潜水意向。此外，角色过载可能会增强角色冲突对社交互动焦虑和失望的影响。具体的研究模型如图4-1所示。

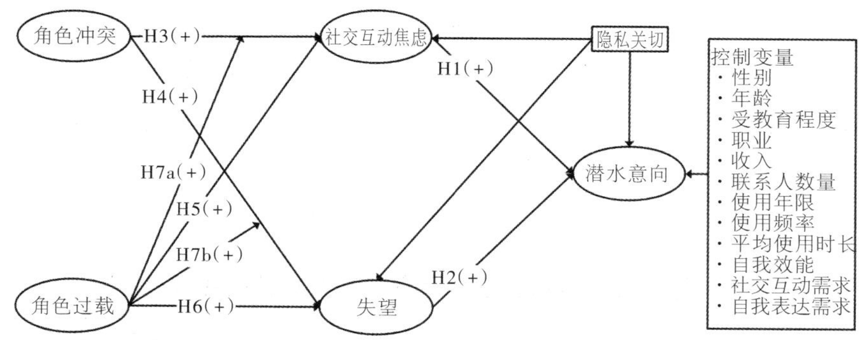

注：单线椭圆框代表一阶构念，矩形框代表控制变量。

图4-1 研究2理论模型

4.2.1 社交互动焦虑和失望情绪对潜水意向的影响

当人们想要给他们的听众留下一个预期的良好印象而又不确定是否能成功时，他们就会从听众那里感知到或预感到不满意的评价，从而产生社交互动焦虑[168]。在社交媒体的背景下，社交互动焦虑主要包括害怕被忽略、令人厌烦、听起来很愚蠢并且不知道在社交互动中该说些什么或如何回应他人等。感到社交互动焦虑的用户可能会在社交媒体上发布内容或与他人交流时感到不舒服[173]。焦虑的人感到有压力时通常会避免社交互动[179]，并采取安全的行为策略减轻焦虑[180]。由于担心在社交互动中滥用词汇，焦虑的用户会将自我披露降到最低，以避免负面的社交后果[172,181]。因此，对于焦虑不安的用户来说，潜水将是一个更安全的选择，可以使他们避免参与社交对话[74]。所以，我们提出以下假设：

H1：用户感知到的社交互动焦虑情绪正向影响其潜水意向。

在用户未能实现自己的期望（希望、欲望和诺言）时，失望是最经常经历的负面情绪之一[182]。社交媒体为用户提供了一个在线平台来展示或创建自己的身份[68]。用户可以通过他们的在线个人资料来塑造自己的身份，这使他们可以灵活地控制自己的线上形象，从而可以更有策略地管理他们的线上形象[69]。如果他们的实际印象管理过程未能达到最初的期望，他们就会感到失望[174,183]。用户的失望体验包括感到无能为力，并表现出无所事事和想要摆脱困境的趋势。无能为力的感觉使人们认为做出任何决定都不会有所作为，从而导致后续的行为不活跃[184]，潜水就成为一种可以规避风险的策略。所以，我们提出以下假设：

H2：用户感知到的失望情绪正向影响其潜水意向。

4.2.2 角色压力对社交互动焦虑和失望情绪的影响

当用户参与社交媒体的社交互动时，来自各种社交网络的期望为他们的行为提供了参考依据。然而，来自不同社交网络的期望通常是矛盾的，这就导致了角色冲突。在角色冲突的情况下，用户的行为通常能被某些人接受但不能被其他人接受[21,128]。因此，他们很难或不可能同时履行他人对自己的职责、责任和义务的期望。显然，他们的实际表现与他人的期望之间会产生差异。由于担心受到他人的制裁或负面回应，他们就会感到焦虑[185]。所以，我们提出以下假设：

H3：用户感知到的角色冲突正向影响其社交互动焦虑情绪。

在社交媒体上角色冲突的情况下，用户经常不得不平衡两个或多个冲突的社交活动，这给他们在社交互动中调节和控制社交信息带来了巨大挑战[21]。有时候，他们需要打破规则或规范来完成自己想做的事情，或者他们必须隐藏自己的真实感受和想法来安抚冲突的社交活动[128]。因此，他们的实际表现并不能达到维持他们理想的在线形象的期望。从而，他们的实际表现与理想期望之间会存在差异。这会使用户由于没有实现自己的期望、愿望或抱负而感到失望[162,174,177]。所以，我们提出以下假设：

H4：用户感知到的角色冲突正向影响其失望情绪。

社交媒体为用户提供了一个社交环境，其中所有社交网络都并置在了一起，因此，他们需要根据互动内容不停地改变自己的角色，以使其行为得当。当来自多个社交网络的角色数量过多时，用户在社交媒体上承担的角色数量就可能会过载[21]。角色过载会导致用户缺乏满足他人期望所需的个人资源而无法轻松应对[84]。由于认知限制，用户在给定的时间段内可以处理的信息量有限[86]。角色过载会使用户无法有效应对多种角色需求而疲惫不堪[21]，这就导致了他们的实际表现与他人的期望之间存在差异。这种差异会使用户感到焦虑，因为他们对预期的制裁或其他人的负面回应感到担忧[162]。所以，我们提出以下假设：

H5：用户感知到的角色过载正向影响其社交互动焦虑情绪。

个人在社交媒体上承担的角色数量越多，其需要处理和满足的期望就越高。角色过载程度很高的人会感到可用资源不足以满足过多的角色需求[186]。过多的角色期望将使用户太累而无法参加或享受社交活动，甚至干扰他们想要做的事情[21]。因此，他们无法按预期方式创建理想的在线形象。此外，角色过载还会使用户感到无能为力或失去保持理想在线形象的控制权，因为他们能够用来应对众多角色的时间和精力是有限的。这将使用户大失所望，因为他们没能完成自己的期望和愿望而感到无能为力[162,174,177]。所以，我们提出以下假设：

H6：用户感知到的角色过载正向影响其失望情绪。

4.2.3 角色过载的调节作用

社交媒体将用户从地理边界的限制中解放出来，并使其所有社交关系网络并置在一起，这造就了一个角色冲突和角色过载都显著的社会环境[21]。当用户参加社交媒体上的社交互动时，他们需要应对冲突的和过多的角色期望。因此，如果用户在社交媒体上的社交互动中感到角色过载的程度很高，角色冲突对社交互动焦虑和失望的影响会因为这种不利的情况而放大。有关角色过载的不利情况信号会直接导致用户感到压力和不堪重负，因为他们需要分配更多的资源来应对额外的职责和义务[87]。在社交媒体上感觉到的角色冲突，已经使得用户难以平衡相互冲突的期望。然而，角色过载会进一步争夺用户可以使用时间和有限的认知资源。感到角色过载的用户可能无法有效获得必要的资源来应对因角色冲突而引起的新的角色期望。在这种情况下，当用户对其角色数量评估较差时，由于角色冲突引起的自我差异的后果将会变得更严重。因此，在角色过载的程度高的情况下，感知角色冲突越高的用户会感到减少自我差异的挑战更大，从而感知到更高水平的社交互动焦虑和失望。此外，如果他们在社交媒体的社交对话中无法应对如此多的社会角色，也会让他们意识到更高程度的自我差异。所有这些因素都会导致更高水平的社会互动焦虑和失望。因此，我们提出以下假设：

H7a：用户感知到的角色过载正向调节角色冲突与社交互动焦虑之间的关系。

H7b：用户感知到的角色过载正向调节角色冲突与失望之间的关系。

4.2.4 控制变量

通常个人的人口统计学因素（即性别、年龄、学历、职业和收入）和社交媒体的使用经历（即朋友数量、使用年限、使用频率和平均使用时间）都会影响社交媒体的使用行为[98,146]。先前的研究还证实了隐私关切[146,147]、社交媒体自我效能[187]、社交互动需求[188]和自我表达需求[188]都对社交媒体上的发布行为有影响。隐私关切也被认为是潜水的关键影响因素[28,30]。因此，所有这些因素都被作为潜水意向的控制变量纳入了研究模型。此外，隐私关切会使人们感到愤慨，并引发他们对不怀好意者机会主义的担忧[189]。因此，由于担心有人访问和滥用他们的个人信息，隐私关切会加剧用户在社交媒体上感知到的社交互动焦虑[190]。而且，当用户的个人信息被滥用时，他们常常会感到被出卖，从而引起不公平、不平等和情感上的失望[191]。因此，隐私关切被用作社交互动焦虑和失望的控制变量（如图4-1所示）。

4.3 研究方法

4.3.1 量表设计

这项研究的量表均引用自前人研究的成熟量表，并基于本研究的情境做了适当调整。特别地，本研究根据社交媒体用户发布内容的具体形式对潜水意向进行了更细致的测量，这样将有利于对用户不同的潜水行为进行更深入的对比分析，探究不同潜水行为的影响机制之间的差异。由于原始量表是英文的，我们首先将量表翻译成中文，然后再翻译回英文（即从中文译成英文）[98]。该过程由作者本人完成，并经两位相关领域精通中文和英文的教授确认无误，解决了翻译过程中的存在的分歧和矛盾之处，以确保最终量表具有较高的质量。在进行正式调查之前，我们组成了一个由3名来自信息系统研究领域的研究人员和5名经验丰富的社交媒体用户的研究生组成的焦点小组，以进一步确认这些题项的可靠性。之后我们对20名社交媒体的学生用户进行了预测试，并与受试者进行了面对面的访谈，从而收集了他们对问卷的意见。在分析了受试者的反馈意见之后，在进行正式的调查研究之前，对量表进行了一些较小的修订以完善问卷。最终量表在附录A2中列出。所有题项均使用从“（1）非常不同意”到“（7）非常同意”的七级李克特量表进行测量。

4.3.2 数据收集

我们开发了一个基于网页的调查问卷，以测量用户使用社交媒体的相关研究变量和基本人口统计学信息。在这项研究中，我们将国内最流行的微信朋友圈作为目标的社交媒体网站。为了收集数据，我们与一家数据调研公司紧密合作，该公司在全国范围内拥有一个巨大的由18岁及18岁以上的中国成年人组成的在线社交媒体用户群体。为了提高回复率，我们为每位受试者提供了10元人民币的报酬。在这项研究中，我们通过电子邮件向受试者发送邀请，从数据调研公司的用户池中随机选择了1 000个微信用户。在两周的时间内，共发出1 000次邀请，共收到641份有效回复（回复率为64.1%）。通过比较早期和晚期受试者所有变量和人口统计学特征的均值，检验了无响应偏差，t检验结果未发现显著差异。表4-1显示了样本人口统计数据，这些样本与微信的实际用户特征基本一致。

表4-1 **受试者人口统计学特征**

人口统计学特征	类别	频数	百分比（%）
性别	男	344	53.66
	女	297	46.34
年龄	19岁及以下	61	9.52
	20~29岁	216	33.70
	30~39岁	224	34.94
	40~49岁	101	15.76
	50岁及以上	39	6.08
受教育程度	高中及以下	20	3.12
	专科	200	31.20
	本科	387	60.37
	硕士	31	4.84
	博士	3	0.47
职业	学生	92	14.35
	公务员	137	21.37
	事业单位职工	33	5.15
	企业员工	186	29.02
	个体经营者	128	19.97
	其他	65	10.14

续表

人口统计学特征	类别	频数	百分比（%）
收入（元/月）	≤2 000	123	19.19
	≤5 000且>2 000	188	29.33
	≤8 000且>5 000	130	20.28
	≤15 000且>8 000	129	20.12
	>15 000	71	11.08
联系人数量（人）	≤100	48	7.49
	≤200且>100	240	37.44
	≤300且>200	172	26.83
	≤400且>300	70	10.92
	≤500且>400	46	7.18
	>500	65	10.14
使用年限（年）	≤1	2	0.31
	≤3且>1	153	23.87
	≤5且>3	278	43.37
	≤7且>5	143	22.31
	>7	65	10.14
使用频率	每小时一次	88	13.73
	每天几次	405	63.18
	每周几次	124	19.35
	每月几次	14	2.18
	更少	10	1.56
每天使用时长	≤15分钟	23	3.59
	≤30分钟且>15分钟	100	15.60
	≤1小时且>30分钟	201	31.36
	≤2小时且>1小时	178	27.77
	≤3小时且>2小时	71	11.08
	>3小时	68	10.60
合计		641	100

4.4 数据分析

本书使用SmartPLS 3.0检验提出的模型和假设检验。PLS-SEM建模在目前的研究中比较流行，特别是它所具有的一些独特优势，例如，对测量规模、样本分布和样本大小的要求较低。PLS-SEM分析的主要目的是最大程度地解释模型的内生变量的方差[148]。它擅长因果关系推断，尤其是针对那些复杂且几乎没有建立基础的假设关系[32]。我们之所以选择PLS-SEM，是因为它旨在帮助以发现为导向的或理论开发过程类的研究，从而寻求和确定一个构念的关键驱动因素，并能够处理复杂的潜变量模型，尤其那些具有大量题项的潜变量[149,150]。在只有反映型构念的研究模型中，PLS-SEM所需的样本量至少是指向某一内生变量最大路径数的10倍[151]。在我们的研究模型中，所有潜变量都是反映型构念，指向内生变量的最大路径数为15。因此，样本量641足以使用PLS技术分析本研究模型。

4.4.1 共同方法偏差检验

与所有自我报告的数据存在的局限一样，可能由一致性动机和社会期许等多种来源导致共同方法偏差问题[152,153]。我们通过统计分析来评估共同方法偏差的严重性程度。首先，根据Podsakoff和Organ[152]提供的检验方法，Harmon单因子分析技术被用于检验模型中的9个构念的测量结果是否存在共同方法偏差问题，包括角色冲突、角色过载、社交互动焦虑、失望、潜水意向、隐私关切、自我效能、社交互动需求和自我表达需求。检验结果表明，由一个因子解释的最大协方差是19.996%。因此，没有一个单一的因子可以解释大多数的方差，这表明共同方法偏差不会对结果产生影响。其次，我们使用了Malhotra等提出的标记变量法来帮助检验和控制共同方法偏差问题[154]。为了使用标记变量法，我们仔细考虑了与该研究现象无关的变量。最终，我们选取了幻想（Fantasizing）这一与研究主题无关的构念作为标记变量，幻想是指人们具有生动想象力的程度[192]。结果表明，路径系数和模型拟合值与原始估计值一致（见表4–2）。因此，我们得出结论，共同方法偏差在本研究中并不是一个严重的问题。

表4–2　　**标记潜变量法检验共同方法偏差**

关系	不含标记变量		含标记变量	
	路径系数	p–值	路径系数	p–值
角色冲突 → 社交互动焦虑	0.180***	0	0.138**	0.005
角色冲突→ 失望	0.087*	0.035	0.097*	0.022
角色过载 → 社交互动焦虑	0.357***	0	0.338***	0
角色过载→ 失望	0.424***	0	0.425***	0
社交互动焦虑 → 潜水意向	0.118***	0.001	0.090*	0.018
失望 →潜水意向	0.289***	0	0.284***	0
角色过载×角色冲突 → 社交互动焦虑	–0.005ns	0.878	–0.009ns	0.769
角色过载×角色冲突 → 失望	0.105**	0.009	0.108**	0.008

注：* p<0.05，** p<0.01，*** p<0.001，ns p>0.05。

4.4.2　测量模型检验

测量模型评估的目的是确保测量题项的信度、聚合效度和区别效度。检验题项信度的通用方法包括查看每个题项的因子载荷是否大于0.60，或者在理想的情况下是否大于0.70[156]。本研究中所有的题项在其各自的构念上的因子载荷（见表4–3），大多数的因子载荷都大于0.7，只有少数几个因子载荷大于0.6，因此证明了测量题项具有较好的信度。如表4–4所示，每个构念的Cronbach's α值和组合信度（Composite Reliability，CR）均大于等于0.7；所有构念的平均方差萃取值（Average Variance Extracted，AVE）均大于0.5，rho_A值也均大于0.7[157]。因此，满足了内部一致性标准。测量模型评估的第三步是检验其区别效度。如表4–5所示，根据Fornell-Larcker准则，AVE的平方根（对角线中的粗体数字）高于潜变量与其他潜变量之间的相关系数[158]。

如表4-6所示，相关性的异质-单质比值（Heterotrait-Monotrait Ratio）均低于0.9的阈值[157]。这些结果提供了足够的证据证明这些构念具有较好的区别效度。当题项在其目标构念上的因子载荷高于其在模型中其他构造上的因子载荷时，可进一步确定区别效度。表4-3列出了本研究中所有题项的交叉因子载荷，结果表明所有题项在其目标构念上的载荷比在其他任何构念上的载荷更高。因此，测量模型具有较好的区别效度。

表4-3 **交叉因子载荷矩阵**

	RC	RO	SIA	Dis	LI	PC	SE	SIN	SEN
RC1	**0.722**	0.361	0.258	**0.242**	−0.019	0.272	0.156	0.205	0.200
RC2	**0.727**	0.359	0.262	**0.188**	0.056	0.209	0.052	0.105	0.101
RC3	**0.669**	0.271	0.232	**0.173**	−0.029	0.158	0.081	0.150	0.137
RC4	**0.761**	0.452	0.281	**0.266**	0.147	0.197	0.031	0.080	0.072
RO1	0.496	**0.805**	0.366	**0.424**	0.209	0.294	0.049	0.107	0.056
RO2	0.476	**0.671**	0.300	0.223	0.027	0.289	0.131	0.199	0.184
RO3	0.425	**0.852**	0.391	0.393	0.227	0.284	−0.046	0.030	−0.006
RO4	0.377	**0.853**	0.383	0.442	0.309	0.270	−0.054	0.004	−0.019
RO5	0.400	**0.844**	0.365	0.474	0.337	0.281	−0.087	−0.023	−0.057
RO6	0.267	**0.700**	0.299	0.374	0.319	0.333	−0.077	−0.006	−0.033
SIA1	0.258	0.329	**0.708**	0.298	0.120	0.246	−0.060	0.111	0.072
SIA2	0.291	0.382	**0.821**	0.237	0.116	0.394	0.055	0.178	0.152
SIA3	0.256	0.324	**0.815**	0.235	0.133	0.402	0.058	0.126	0.081
SIA4	0.299	0.359	**0.719**	0.238	0.187	0.321	−0.014	0.083	0.071
SIA5	0.229	0.244	**0.641**	0.125	0.064	0.252	0.118	0.252	0.203
Dis1	0.259	0.452	0.315	**0.755**	0.309	0.226	−0.130	−0.127	−0.132
Dis2	0.292	0.461	0.327	**0.742**	0.249	0.239	−0.072	−0.024	−0.039
Dis3	0.271	0.459	0.295	**0.754**	0.249	0.153	−0.103	−0.126	−0.066
Dis4	0.321	0.447	0.321	**0.696**	0.180	0.195	−0.054	−0.102	−0.061
Dis5	0.211	0.367	0.223	**0.774**	0.268	0.148	−0.124	−0.145	−0.107
Dis6	0.101	0.165	0.026	**0.613**	0.276	0.049	−0.065	−0.119	−0.113
Dis7	0.081	0.144	0.047	**0.601**	0.260	0.026	−0.063	−0.101	−0.112

续表

	RC	RO	SIA	Dis	LI	PC	SE	SIN	SEN
Dis8	0.126	0.226	0.060	**0.699**	0.274	0.077	−0.127	−0.193	−0.159
Dis9	0.133	0.232	0.106	**0.681**	0.275	0.091	−0.037	−0.100	−0.079
LI1	0.042	0.227	0.146	0.241	**0.742**	0.108	−0.139	−0.173	−0.196
LI2	0.023	0.195	0.117	0.252	**0.751**	0.063	−0.143	−0.154	−0.207
LI3	0.023	0.253	0.161	0.281	**0.822**	0.094	−0.153	−0.211	−0.190
LI4	0.029	0.247	0.154	0.266	**0.838**	0.107	−0.209	−0.194	−0.203
LI5	0.059	0.264	0.143	0.284	**0.848**	0.111	−0.153	−0.138	−0.145
LI6	0.066	0.240	0.160	0.297	**0.863**	0.129	−0.181	−0.203	−0.205
LI7	0.093	0.323	0.158	0.334	**0.841**	0.081	−0.138	−0.169	−0.174
LI8	0.079	0.293	0.145	0.323	**0.836**	0.092	−0.128	−0.111	−0.143
LI9	0.032	0.241	0.059	0.350	**0.728**	0.066	−0.278	−0.276	−0.246
PC1	0.222	0.326	0.339	0.167	0.133	**0.791**	0.091	0.114	0.096
PC2	0.254	0.332	0.427	0.243	0.130	**0.867**	0.124	0.176	0.138
PC3	0.279	0.295	0.384	0.136	0.043	**0.887**	0.171	0.245	0.200
PC4	0.233	0.276	0.336	0.152	0.084	**0.845**	0.079	0.162	0.123
SE1	0.086	−0.034	−0.018	−0.117	−0.181	0.092	**0.830**	0.385	0.402
SE2	0.114	−0.030	0.057	−0.105	−0.204	0.150	**0.890**	0.451	0.448
SE3	0.063	0.003	0.067	−0.085	−0.124	0.092	**0.750**	0.346	0.322
SIN1	0.119	0.016	0.204	−0.111	−0.128	0.217	0.359	**0.691**	0.433
SIN2	0.146	0.038	0.123	−0.170	−0.184	0.154	0.406	**0.805**	0.540
SIN3	0.117	0.008	0.129	−0.161	−0.193	0.152	0.375	**0.784**	0.528
SIN4	0.155	0.051	0.143	−0.065	−0.174	0.130	0.367	**0.812**	0.580
SIN5	0.175	0.091	0.170	−0.096	−0.185	0.163	0.360	**0.769**	0.558
SEN1	0.128	−0.001	0.141	−0.120	−0.184	0.174	0.388	0.527	**0.770**
SEN2	0.119	−0.014	0.096	−0.109	−0.219	0.087	0.361	0.536	**0.827**
SEN3	0.187	0.076	0.180	−0.018	−0.115	0.146	0.348	0.561	**0.710**
SEN4	0.134	0.010	0.080	−0.126	−0.188	0.122	0.400	0.537	**0.790**

注：角色冲突（RC），角色过载（RO），社交互动焦虑（SIA），失望（Dis），潜水意向（LI），隐私关切（PC），自我效能（SE），社交互动需求（SIN），自我表达需求（SEN）。

表4-4 **信度检验**

构念	AVE	CR	Cronbach's α	rho_A
角色冲突	0.519	0.812	0.700	0.700
角色过载	0.626	0.909	0.909	0.892
社交互动焦虑	0.553	0.860	0.860	0.811
失望	0.501	0.898	0.898	0.888
潜水意向	0.655	0.945	0.945	0.935
隐私关切	0.720	0.911	0.911	0.882
自我效能	0.681	0.864	0.864	0.807
社交互动需求	0.598	0.881	0.881	0.841
自我表达需求	0.601	0.858	0.858	0.804

注：平均方差萃取（AVE），组合信度（CR）。

表4-5 **区分效度检验：福内尔-拉克尔准则**

	RC	RO	SIA	Dis	LI	PC	SE	SIN	SEN
角色冲突（RC）	**0.720**								
角色过载（RO）	0.509	**0.791**							
社交互动焦虑（SIA）	0.360	0.445	**0.744**						
失望（Dis）	0.306	0.502	0.308	**0.708**					
潜水意向（LI）	0.061	0.314	0.171	0.362	**0.809**				
隐私关切（PC）	0.292	0.364	0.443	0.211	0.117	**0.849**			
自我效能（SE）	0.110	−0.028	0.039	−0.125	−0.212	0.138	**0.825**		
社交互动需求（SIN）	0.185	0.054	0.193	−0.157	−0.227	0.206	0.482	**0.773**	
自我表达需求（SEN）	0.174	0.014	0.150	−0.130	−0.236	0.164	0.481	0.686	**0.775**

注：（1）对角线加粗部分为AVE值的平方根；（2）对角线下方的部分为潜变量相关系数。

表4-6 **区分效度检验：相关的异质-单质比率**

	角色冲突	RO	SIA	Dis	LI	PC	SE	SIN
角色过载（RO）	0.652							
社交互动焦虑（SIA）	0.481	0.527						
失望（Dis）	0.356	0.522	0.328					
潜水意向（LI）	0.112	0.338	0.196	0.404				
隐私关切（PC）	0.372	0.421	0.517	0.211	0.128			
自我效能（SE）	0.147	0.114	0.119	0.146	0.240	0.163		
社交互动需求（SIN）	0.246	0.107	0.255	0.196	0.251	0.247	0.597	
自我表达需求（SEN）	0.250	0.107	0.210	0.159	0.264	0.206	0.609	0.856

4.4.3 结构模型检验

图4-2给出了结构模型的检验结果。我们使用SmartPLS 3.0提供的Bootstrapping的方法来确定每个路径系数的t值和显著性水平，并使用SmartPLS 3.0提供的二阶计算方法（Two-stage）验证调节作用。该模型解释了潜水意向25.1%的方差、社交互动焦虑30.3%的方差和失望26.8%的方差。

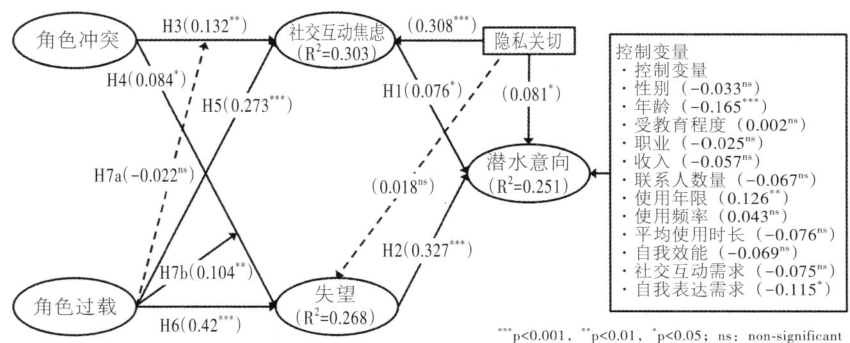

注：实线“—”代表检验结果显著，虚线“--”代表检验结果不显著。

图4-2 研究2模型检验结果

如图4-2所示，大多数的假设得到了支持，只有H7a未得到验证，具体结果如下：

（1）用户感知到的社交互动焦虑情绪与其对社交媒体的潜水意向之间的路径系数为（$\beta=0.076$，$t=1.991$，$p<0.05$），即用户感知到的社交互动焦虑情绪会促进其在社交媒体上的潜水意向。

（2）用户感知到的失望情绪与其对社交媒体的潜水意向之间的路径系数为（$\beta=0.327$，$t=7.083$，$p<0.001$），即用户感知到的失望情绪会促进其在社交媒体上的潜水意向。

（3）用户感知到的角色冲突与其感知到的社交互动焦虑情绪之间的路径系数为（$\beta=0.132$，$t=2.83$，$p<0.01$），即用户感知到的角色冲突程度越高其感知到的社交互动焦虑情绪也越高。

（4）用户感知到的角色冲突与其感知到的失望情绪之间的路径系数为（$\beta=0.084$，$t=2.073$，$p<0.05$），即用户感知到的角色冲突程度越高其感知到的失望情绪也越高。

（5）用户感知到的角色过载与其感知到的社交互动焦虑情绪之间的路径系数为（$\beta=0.273$，$t=6.331$，$p<0.001$），即用户感知到的角色过载程度越高其感知到的社交互动焦虑情绪也越高。

（6）用户感知到的角色过载与其感知到的失望情绪之间的路径系数为（$\beta=0.42$，$t=10.008$，$p<0.001$），即用户感知到的角色过载程度越高其感知到的失望情绪也越高。

（7）用户感知到的角色过载对角色冲突与社交互动焦虑之间关系的调节作用为（$\beta=-0.022$，$t=0.771$，$p>0.05$），即角色过载对角色冲突与社交互动焦虑之间关系的调节作用不显著。

（8）用户感知到的角色过载对角色冲突与失望情绪之间关系的调节作用为（$\beta=0.104$，$t=2.62$，$p<0.01$），即用户感知到的角色过载程度越高角色冲突对失望情绪的影响越大。

在控制变量中，年龄、使用年限、隐私关切和自我表达需求在统计学上是显著的。年龄和自我表达的需求降低了用户对社交媒体的潜水意向，而隐私关切和使用年限增加了用户对社交媒体的潜水意向。这可能是由于年轻人社会地位较低，他们对于他人的负面评价更为看重，因为这些负面评价可能会对他们产生较大的影响，因此，选择潜水的可能性更大一些。自我表达需求越强烈的用户，会积极地发布有关个人的信息或者发表自己的看法，而不会选择潜水。此外，隐私关切对社交互动焦虑有明显的正向影响。但是，隐私关切对失望的影响并不显著。这可能是因为对隐私的关切反映了用户对预期的隐私风险的担忧，这与社交互动焦虑中的主要顾虑更加一致。而失望通常是由已经发生的负面结果（未达到期望）引起的。假设检验结果汇总见表4-7。

表4-7　**模型假设检验结果**

假设内容	是否得到支持
H1：用户感知到的社交互动焦虑情绪正向影响其潜水意向	支持
H2：用户感知到的失望情绪正向影响其潜水意向	支持
H3：用户感知到的角色冲突正向影响其社交互动焦虑情绪	支持
H4：用户感知到的角色冲突正向影响其失望情绪	支持
H5：用户感知到的角色过载正向影响其社交互动焦虑情绪	支持
H6：用户感知到的角色过载正向影响其失望情绪	支持
H7a：用户感知到的角色过载正向调节角色冲突与社交互动焦虑之间的关系	不支持
H7b：用户感知到的角色过载正向调节角色冲突与失望之间的关系	支持

4.4.4　模型拟合度评估

我们通过检验标准化的均方根残差（Standardized Root Mean Square Residual，SRMR）、未加权最小二乘偏差（Unweighted Least Squares Discrepancy，dULS）和测地误差（Geodesic Discrepancy，dG）来评估研究模型的拟合优度[157]。SRMR、dULS和dG的值越低，理论模型的拟合度越好[157]。表4-8显示了模型拟合的结果。SRMR值低于阈值0.08，并且所有差异指标的值均低于自举分位数HI95[157]，这表明研究模型与数据之间具有很好的契合性。

表4-8 模型拟合优度评估

	值	HI95	结论
SRMR	0.035	0.037	支持
dULS	2.075	2.386	支持
dG	0.703	0.786	支持

4.4.5 模型稳健性检验

为了进一步确保本章研究结论的稳健性，本章还给出了一些替代模型的检验结果。具体来说，我们考虑了：①使用一个基本模型来解释控制变量的影响；②在基本模型中加入自变量来解释角色压力相关构念对潜水意向的直接影响；③一个存在直接、间接和交互效应等可能存在关系的全模型；④本章研究提出的主模型。检验结果如表4-9所示。模型1作为比较模型对控制变量预测的基线，只包含了控制变量对潜水意向的影响，其结果显示控制变量解释了潜水意向14.9%的方差。模型1结果显示，年龄、自我效能、自我表达需求和社交互动需求对于潜水意向有显著的负向影响，而使用年限和隐私关切都显著地正向影响用户的潜水意向。模型2在模型1的基础上加入了自变量对潜水意图的影响，其结果显示所有变量共解释了潜水意向25.1%的方差。模型2结果显示，年龄、平均使用时长、自我表达需求和社交互动需求对于潜水意向有显著的负向影响，而受教育程度、使用年限、隐私关切和角色过载都显著地正向影响用户的潜水意向。模型3在模型2的基础上加入了社交焦虑和失望情绪的影响，并添加了角色过载对角色冲突的影响以及社交互动焦虑对失望的影响，其结果显示模型解释了潜水意向28%的方差。模型3结果显示，年龄对于潜水意向有显著的负向影响，而使用年限、角色过载和失望都显著地正向影响用户的潜水意向。角色冲突和角色过载正向显著影响社交互动焦虑，角色过载正向显著影响失望。隐私关切正向影响社交互动焦虑，但其对潜水意向的影响不显著。此外，角色过载正向显著影响角色冲突，社交互动焦虑正向显著影响失望。

模型4显示了本研究中提出的主研究模型的结果，其结果解释了潜

表4-9　　替代模型检验结果汇总

关系路径	模型1	模型2	模型3	模型4
性别 → 潜水意向	−0.037 (0.038)	0.001 (0.036)	−0.011 (0.036)	−0.033 (0.036)
年龄→ 潜水意向	**−0.109*** **(0.052)**	**−0.175***** **(0.05)**	**−0.188***** **(0.049)**	**−0.165***** **(0.048)**
受教育程度 → 潜水意向	−0.011 (0.044)	0.011* (0.041)	0.007 (0.041)	0.002 (0.042)
职业→ 潜水意向	−0.005 (0.044)	−0.005 (0.041)	−0.014 (0.039)	−0.025 (0.04)
收入→ 潜水意向	−0.075 (0.061)	−0.063 (0.053)	−0.056 (0.052)	−0.057 (0.053)
使用年限→ 潜水意向	**0.099*** **(0.047)**	**0.101*** **(0.042)**	**0.122**** **(0.042)**	**0.126**** **(0.043)**
联系人数量 → 潜水意向	−0.027 (0.041)	−0.041 (0.038)	−0.065 (0.039)	−0.067 (0.038)
平均使用时长 → 潜水意向	−0.057 (0.042)	**−0.08*** **(0.041)**	−0.079 (0.041)	−0.076 (0.04)
使用频率→ 潜水意向	0.067 (0.044)	0.033 (0.043)	0.033 (0.041)	0.043 (0.04)
自我效能→ 潜水意向	**−0.102*** **(0.043)**	−0.066 (0.044)	−0.059 (0.041)	−0.069 (0.041)
自我表达需求 → 潜水意向	**−0.125*** **(0.056)**	**−0.102*** **(0.05)**	−0.098 (0.051)	−0.115* (0.051)
社交互动需求 → 潜水意向	**−0.118*** **(0.057)**	**−0.13**** **(0.05)**	−0.088 (0.051)	−0.075 (0.052)
隐私关切→ 潜水意向	**0.203***** **(0.035)**	**0.071*** **(0.034)**	0.054 (0.039)	**0.081*** **(0.039)**
角色冲突→ 潜水意向		0.059 (0.078)	−0.071 (0.043)	
角色过载→ 潜水意向		**0.334***** **(0.041)**	**0.236***** **(0.05)**	
社交互动焦虑 → 潜水意向			0.029 (0.039)	**0.076*** **(0.038)**
失望→ 潜水意向			**0.256***** **(0.051)**	**0.327***** **(0.046)**

续表

关系路径	模型 1	模型 2	模型 3	模型 4
角色冲突 → 社交互动焦虑			**0.131**** **(0.049)**	**0.132**** **(0.047)**
角色冲突→ 失望			0.07 (0.042)	**0.084*** **(0.041)**
角色过载 → 社交互动焦虑			**0.272***** **(0.043)**	**0.273***** **(0.043)**
角色过载→ 失望			**0.39***** **(0.044)**	**0.42***** **(0.042)**
隐私关切 → 社交互动焦虑			**0.306***** **(0.038)**	**0.308***** **(0.037)**
隐私关切 → 失望			-0.014 (0.037)	0.018 (0.035)
角色冲突×角色过载 → 社交互动焦虑			-0.018 (0.028)	-0.022 (0.028)
角色冲突×角色过载 → 失望			**0.106**** **(0.039)**	**0.104**** **(0.04)**
角色过载→ 角色冲突			**0.516***** **(0.03)**	
社交互动焦虑→ 失望			**0.109*** **(0.044)**	
潜水意向的 R^2	0.149	0.251	0.28	0.251
潜水意向的调整后 R^2	0.132	0.233	0.26	0.233

注：(1) 括号内数值为标准差，括号上方数值为回归系数；(2) * $p<0.05$，** $p<0.01$，*** $p<0.001$。

水意向 25.1% 的方差。模型 3 与模型 4 相比，R^2 只增加了 2.9%。此外，在模型 3 中，社交互动焦虑与潜水意向之间的关系不显著，角色冲突与失望之间的影响也不显著，这可能是由于模型 3 过于复杂所导致的。总体而言，模型 4 比模型 3 有更好的理论基础和解释力，因此，我们将模型 4 作为研究的主模型。此外，替代模型的建议结果基本与模型 4 有相同的结论，这也说明了本章的主研究模型有着较好的稳健性。

4.4.6 潜水行为分类对比检验

用户在社交媒体上积极的参与行为各种各样，例如，发布、评论、回复和点赞等，这些不同的积极参与行为背后的动机和驱动因素可能存在差异。因此，本章研究根据用户积极的参与行为的类别将用户的潜水行为进行了细分，分别对应上述四种行为并划分为不发布、不评论、不回复和不点赞。通过对不同的潜水行为进行对比分析将能更加细粒度地解读用户行为，同时也能更加准确地描述社交媒体用户潜水的机制。对比分析的检验结果如表4-10所示，其中，模型1中的因变量潜水意向用的是不发布的潜水行为，模型2中的因变量潜水意向用的是不评论的潜水行为，模型3中的因变量潜水意向用的是不回复的潜水行为，模型4中的因变量潜水意向用的是不点赞的潜水行为。

表4-10 不同潜水行为的对比检验

关系路径	模型1	模型2	模型3	模型4
性别→潜水意向	0.01 (0.038)	−0.005 (0.036)	−0.05 (0.037)	−0.041 (0.037)
年龄→潜水意向	**−0.203***** **(0.051)**	**−0.164***** **(0.049)**	**−0.151**** **(0.049)**	**−0.123**** **(0.048)**
受教育程度→潜水意向	0.058 (0.045)	0.038 (0.043)	−0.047 (0.045)	−0.045 (0.045)
职业→潜水意向	−0.003 (0.042)	−0.013 (0.042)	−0.053 (0.042)	−0.041 (0.043)
收入→潜水意向	−0.038 (0.054)	−0.05 (0.054)	−0.026 (0.054)	−0.028 (0.055)
使用年限→潜水意向	0.068 (0.044)	**0.123**** **(0.044)**	**0.144***** **(0.043)**	**0.095*** **(0.045)**
联系人数量→潜水意向	−0.01 (0.038)	−0.074 (0.039)	**−0.088*** **(0.039)**	−0.059 (0.041)
平均使用时长→潜水意向	−0.062 (0.041)	−0.079 (0.042)	**−0.101*** **(0.041)**	−0.054 (0.043)
使用频率→潜水意向	**0.106*** **(0.042)**	0.024 (0.042)	0.03 (0.041)	−0.004 (0.041)

续表

关系路径	模型 1	模型 2	模型 3	模型 4
自我效能→潜水意向	−0.027 (0.04)	−0.065 (0.043)	−0.061 (0.043)	−0.032 (0.043)
自我表达需求→潜水意向	**−0.141*** **(0.056)**	−0.084 (0.054)	−0.092 (0.053)	**−0.11*** **(0.056)**
社交互动需求→潜水意向	−0.048 (0.056)	**−0.11*** **(0.056)**	−0.062 (0.055)	−0.02 (0.058)
隐私关切→潜水意向	0.07 (0.042)	0.075 (0.042)	**0.098*** **(0.041)**	0.038 (0.041)
社交互动焦虑→潜水意向	0.072 (0.044)	**0.102*** **(0.043)**	0.073 (0.041)	0.07 (0.04)
失望→潜水意向	**0.239***** **(0.048)**	**0.253***** **(0.048)**	**0.28***** **(0.046)**	**0.33***** **(0.045)**
角色冲突→社交互动焦虑	**0.132**** **(0.047)**	**0.132**** **(0.047)**	**0.132**** **(0.048)**	**0.132**** **(0.048)**
角色冲突→失望	**0.087*** **(0.041)**	**0.085*** **(0.041)**	**0.085*** **(0.041)**	**0.085*** **(0.04)**
角色过载→社交互动焦虑	**0.272***** **(0.043)**	**0.272***** **(0.043)**	**0.272***** **(0.044)**	**0.272***** **(0.043)**
角色过载→失望	**0.429***** **(0.041)**	**0.425***** **(0.041)**	**0.423***** **(0.041)**	**0.422***** **(0.041)**
隐私关切→社交互动焦虑	**0.308***** **(0.038)**	**0.308***** **(0.037)**	**0.308***** **(0.038)**	**0.308***** **(0.038)**
隐私关切→失望	0.02 (0.036)	0.018 (0.035)	0.018 (0.035)	0.018 (0.035)
角色冲突×角色过载→社交互动焦虑	−0.021 (0.027)	−0.022 (0.028)	−0.021 (0.028)	−0.021 (0.028)
角色冲突×角色过载→失望	**0.102**** **(0.04)**	**0.104*** **(0.04)**	**0.104**** **(0.04)**	**0.104**** **(0.039)**
潜水意向的 R^2	0.189	0.201	0.211	0.183
潜水意向的调整后 R^2	0.17	0.182	0.192	0.163

注：（1）括号内数值为标准差，括号上方数值为回归系数；（2）* $p<0.05$，** $p<0.01$，*** $p<0.001$；（3）模型 1 因变量为不发布的潜水行为，模型 2 因变量为不评论的潜水行为，模型 3 因变量为不回复的潜水行为，模型 4 因变量为不点赞的潜水行为。

模型1的因变量为用户不发布行为的潜水意向。其结果显示，用户感知到的社交互动焦虑情绪与其对社交媒体不发布行为的潜水意向之间的路径系数为（β=0.072，t=1.62，p>0.05），即用户感知到的社交互动焦虑情绪对其在社交媒体上不发布行为的潜水意向的影响不显著。用户感知到的失望情绪与其对社交媒体不发布行为的潜水意向之间的路径系数为（β=0.239，t=4.933，p<0.001），即用户感知到的失望情绪会促进其在社交媒体上不发布行为的潜水意向。用户感知到的角色冲突与其感知到的社交互动焦虑情绪之间的路径系数为（β=0.132，t=2.791，p<0.01），即用户感知到的角色冲突程度越高其感知到的社交互动焦虑情绪也越高。用户感知到的角色冲突与其感知到的失望情绪之间的路径系数为（β=0.087，t=2.118，p<0.05），即用户感知到的角色冲突程度越高其感知到的失望情绪也越高。用户感知到的角色过载与其感知到的社交互动焦虑情绪之间的路径系数为（β=0.272，t=6.32，p<0.001），即用户感知到的角色过载程度越高其感知到的社交互动焦虑情绪也越高。用户感知到的角色过载与其感知到的失望情绪之间的路径系数为（β=0.429，t=10.387，p<0.001），即用户感知到的角色过载程度越高其感知到的失望情绪也越高。用户感知到的角色过载对角色冲突与社交互动焦虑之间关系的调节作用为（β=-0.021，t=0.768，p>0.05），即角色过载对角色冲突与社交互动焦虑之间关系的调节作用不显著。用户感知到的角色过载对角色冲突与失望情绪之间关系的调节作用为（β=0.102，t=2.582，p<0.01），即用户感知到的角色过载程度越高角色冲突对失望情绪的影响越大。在控制变量中，年龄、使用频率、隐私关切和自我表达需求在统计学上是显著的。年龄和自我表达的需求显著降低了用户对社交媒体不发布行为的潜水意向，而隐私关切和使用频率显著增加了用户对社交媒体不发布行为的潜水意向。此外，隐私关切对社交互动焦虑有显著的正向影响。但是，隐私关切对失望的影响并不显著。模型1中的结果表明，除了用户感知到的社交互动焦虑情绪对其在社交媒体上不发布行为的潜水意向的影响不显著外，其他大部分的假设检验结果与主研究模型中的结论是一致的。

模型2的因变量为用户不评论行为的潜水意向。其结果显示，用户感知到的社交互动焦虑情绪与其对社交媒体不评论行为的潜水意向之间的路径系数为（$\beta=0.102$，$t=2.38$，$p<0.05$），即用户感知到的社交互动焦虑情绪正向影响其在社交媒体上不评论行为的潜水意向。用户感知到的失望情绪与其对社交媒体不评论行为的潜水意向之间的路径系数为（$\beta=0.253$，$t=5.268$，$p<0.001$），即用户感知到的失望情绪会促进其在社交媒体上不评论行为的潜水意向。用户感知到的角色冲突与其感知到的社交互动焦虑情绪之间的路径系数为（$\beta=0.132$，$t=2.786$，$p<0.01$），即用户感知到的角色冲突程度越高其感知到的社交互动焦虑情绪也越高。用户感知到的角色冲突与其感知到的失望情绪之间的路径系数为（$\beta=0.085$，$t=2.076$，$p<0.05$），即用户感知到的角色冲突程度越高其感知到的失望情绪也越高。用户感知到的角色过载与其感知到的社交互动焦虑情绪之间的路径系数为（$\beta=0.272$，$t=6.354$，$p<0.001$），即用户感知到的角色过载程度越高其感知到的社交互动焦虑情绪也越高。用户感知到的角色过载与其感知到的失望情绪之间的路径系数为（$\beta=0.425$，$t=10.466$，$p<0.001$），即用户感知到的角色过载程度越高其感知到的失望情绪也越高。用户感知到的角色过载对角色冲突与社交互动焦虑之间关系的调节作用为（$\beta=-0.022$，$t=0.785$，$p>0.05$），即角色过载对角色冲突与社交互动焦虑之间关系的调节作用不显著。用户感知到的角色过载对角色冲突与失望情绪之间关系的调节作用为（$\beta=0.104$，$t=2.594$，$p<0.01$），即用户感知到的角色过载程度越高角色冲突对失望情绪的影响越大。在控制变量中，年龄、使用年限、隐私关切和社交互动需求在统计学上是显著的。年龄和社交互动需求显著降低了用户对社交媒体不评论行为的潜水意向，而隐私关切和使用年限显著增加了用户对社交媒体不评论行为的潜水意向。此外，隐私关切对社交互动焦虑有显著的正向影响。但是，隐私关切对失望的影响并不显著。模型2中的结果表明，其他大部分的假设检验结果与主研究模型中的结论是一致的。

模型3的因变量为用户不回复行为的潜水意向。其结果显示，用户感知到的社交互动焦虑情绪与其对社交媒体不回复行为的潜水意向之间的路径系数为（$\beta=0.073$，$t=1.779$，$p>0.05$），即用户感知到的社交互动焦虑情绪对其在社交媒体上不回复行为的潜水意向的影响不显著。用户感知到的失望情绪与其对社交媒体不回复行为的潜水意向之间的路径系数为（β=0.28，t=6.077，p<0.001），即用户感知到的失望情绪会促进其在社交媒体上不回复行为的潜水意向。用户感知到的角色冲突与其感知到的社交互动焦虑情绪之间的路径系数为（β=0.132，t=2.75，p<0.01），即用户感知到的角色冲突程度越高其感知到的社交互动焦虑情绪也越高。用户感知到的角色冲突与其感知到的失望情绪之间的路径系数为（β=0.085，t=2.074，p<0.05），即用户感知到的角色冲突程度越高其感知到的失望情绪也越高。用户感知到的角色过载与其感知到的社交互动焦虑情绪之间的路径系数为（β=0.272，t=6.212，p<0.001），即用户感知到的角色过载程度越高其感知到的社交互动焦虑情绪也越高。用户感知到的角色过载与其感知到的失望情绪之间的路径系数为（β=0.423，t=10.395，p<0.001），即用户感知到的角色过载程度越高其感知到的失望情绪也越高。用户感知到的角色过载对角色冲突与社交互动焦虑之间关系的调节作用为（β=−0.021，t=0.757，p>0.05），即角色过载对角色冲突与社交互动焦虑之间关系的调节作用不显著。用户感知到的角色过载对角色冲突与失望情绪之间关系的调节作用为（β=0.104，t=2.624，p<0.01），即用户感知到的角色过载程度越高角色冲突对失望情绪的影响越大。在控制变量中，年龄、使用年限、联系人数量、平均使用时长和隐私关切在统计学上是显著的。年龄、联系人数量和平均使用时长显著降低了用户对社交媒体不回复行为的潜水意向，而隐私关切和使用年限显著增加了用户对社交媒体不回复行为的潜水意向。此外，隐私关切对社交互动焦虑有显著的正向影响。但是，隐私关切对失望的影响并不显著。模型3中的结果表明，除了用户感知到的社交互动焦虑情绪对其在社交媒体上不回复行为的潜水意向的影响不显著外，其他大部分的假设检验结果与主研究模型中的结论是一致的。

模型4的因变量为用户不点赞行为的潜水意向。其结果显示，用户感知到的社交互动焦虑情绪与其对社交媒体不点赞行为的潜水意向之间的路径系数为（β=0.07，t=1.746，p>0.05），即用户感知到的社交互动焦虑情绪对其在社交媒体上不点赞行为的潜水意向的影响不显著。用户感知到的失望情绪与其对社交媒体不点赞行为的潜水意向之间的路径系数为（$\beta=0.33$，$t=7.375$，$p<0.001$），即用户感知到的失望情绪会促进其在社交媒体上不点赞行为的潜水意向。用户感知到的角色冲突与其感知到的社交互动焦虑情绪之间的路径系数为（$\beta=0.132$，$t=2.744$，$p<0.01$），即用户感知到的角色冲突程度越高其感知到的社交互动焦虑情绪也越高。用户感知到的角色冲突与其感知到的失望情绪之间的路径系数为（$\beta=0.085$，$t=2.105$，$p<0.05$），即用户感知到的角色冲突程度越高其感知到的失望情绪也越高。用户感知到的角色过载与其感知到的社交互动焦虑情绪之间的路径系数为（$\beta=0.272$，$t=6.308$，$p<0.001$），即用户感知到的角色过载程度越高其感知到的社交互动焦虑情绪也越高。用户感知到的角色过载与其感知到的失望情绪之间的路径系数为（$\beta=0.422$，$t=10.276$，$p<0.001$），即用户感知到的角色过载程度越高其感知到的失望情绪也越高。用户感知到的角色过载对角色冲突与社交互动焦虑之间关系的调节作用为（$\beta=-0.021$，$t=0.757$，$p>0.05$），即角色过载对角色冲突与社交互动焦虑之间关系的调节作用不显著。用户感知到的角色过载对角色冲突与失望情绪之间关系的调节作用为（$\beta=0.104$，$t=2.644$，$p<0.01$），即用户感知到的角色过载程度越高角色冲突对失望情绪的影响越大。在控制变量中，年龄、使用年限、隐私关切和自我表达需求在统计学上是显著的。年龄和自我表达的需求显著降低了用户对社交媒体不点赞行为的潜水意向，而隐私关切和使用年限显著增加了用户对社交媒体不点赞行为的潜水意向。此外，隐私关切对社交互动焦虑有显著的正向影响。但是，隐私关切对失望的影响并不显著。模型4中的结果表明，除了用户感知到的社交互动焦虑情绪对其在社交媒体上不点赞行为的潜水意向的影响不显著外，其他大部分的假设检验结果与主研究模型中的结论是一致的。

通过将潜水行为进行分类对比检验发现，用户感知到的社交互动焦虑情绪对其在社交媒体上不评论行为的潜水意向有着显著的正向影响，而对于不发布、不回复和不点赞行为的潜水意向的影响不显著。这说明这四种不同的潜水行为之间存在着差异，导致这四种行为的动机也各不相同。评论是一种具有针对性的社交行为，在这一过程中用户一方面可能会由于对他人想要表达的真实想法缺少完全的理解而说出不合适的话，另一方面也可能由于对方未能及时做出回应甚至是不回应他们的回复言论而产生更多的猜测和误解，由此引起的社交互动焦虑情绪更容易使用户产生不回复的潜水行为。发布行为作为一种主动的自我披露行为，其往往是关于发布者本人的一些日常写照和想法，而不具有对他人的针对性，因此，在这一行为之前用户产生的担忧不那么强烈。回复行为作为一种被动的行为，其主要是为了响应他人的请求，多为提供更多互动或者关于某一事件的详细解释，从而为社交请求者提供更多的帮助并需花费更多的认知资源，因此，对于言语不当导致的担忧也不会很强烈。而点赞作为一种社会支持行为，它为他人的社交行为提供了更多的支持和认可，通常是一种积极的、友善的行为，因此，也不会引起太多顾虑和担忧。

自我表达需求对于不发布和不点赞行为的潜水意向有着显著的负向影响，而其对于不评论和不回复行为的潜水意向不显著，这也表明了发布和点赞的社交行为有着更多的自我披露属性，而评论和回复的社交行为有着更多的社交互动属性，它们内在的差异导致了其影响动机的差异。而联系人数量和平均使用时长对不回复的潜水行为有显著的负向影响，这表明联系人数量越多用户在社交媒体上聚集的社交关系就越多，社交媒体对于他们来讲将是主要的关系维护平台，因而更在意他人的社交请求。另外，平均使用时长越长表明了用户参与社交媒体互动投入的时间和精力越多，也能更好地处理来自他人的社交请求。

此外，使用年限显著增加了用户对社交媒体不评论、不回复和不点赞行为的潜水意向。这说明随着社交媒体的使用，使用年限久的用户对社交媒体逐渐失去兴趣，开始出现参与降低的生命周期。而使用频率显著增加了用户对社交媒体不发布行为的潜水意向，使用频率越多的用户可能更在意发生在别人身上的事情，时刻都在关注着他人的动态，而自己可能大多数时候都处于潜水状态。

4.5 本章小结

本章研究的目的是从角色角度探究社交网络多样性对社交媒体用户潜水意向的影响机制。通过将角色理论与自我差异理论进行整合，提出了角色压力对于社交媒体用户潜水意向的影响机制模型。实证研究的结果表明，角色冲突和角色过载对用户的社交互动焦虑和失望情绪有显著的正向影响，社交互动焦虑和失望显著正向影响用户的潜水意向。此外，角色过载对角色冲突与失望之间的关系具有显著的正向调节作用，但其对角色冲突与社交互动焦虑之间关系的调节作用不显著。这可能是由于引起社交互动焦虑与失望的原因不同所导致的。在社交媒体的情境下，社交互动焦虑可以由用户对某一特定的社交活动（例如，发布一个帖子）的认知评估来驱动。在短而紧急的时间内，用户的认知将会被首要的矛盾所占据，即他们将首先处理冲突的主要角色和最重要的社交群体，从而将损失降到最低。按照这种逻辑，社交互动焦虑的程度将取决于主要角色的冲突。因此，即使角色过载的程度增加了，在没有显著增加冲突优先级的情况下对用户感知到的社交互动焦虑产生的影响微乎其微。然而，失望是用户无法达到自己的期望时产生的一种负面情绪，其中包括用户感到无能为力、无济于事以及逃避这种情况的趋势[177]。角色过载的增加将会进一步占用用户有限的时间和认知资源，从而导致其处于更加无法控制糟糕局面的境地。这种无法控制的局面则会加剧用户对无能为力和无济于事的认知，从而使其更加感到失望。最终，用户感知到的角色过载加剧了角色冲突对失望的影响。

第5章　基于环境线索和社交动机的社交媒体潜水缓解机制研究

研究1和研究2分别从认知压力和情感压力两个维度，探究了社交媒体用户的潜水机制。对于社交媒体而言，大量的潜水用户将不利于其平台的发展，而对于社交媒体用户而言，潜水行为也不利于他们正常的社交互动。因此，本章研究将探究缓解用户潜水的机制。社交媒体作为重要的社交软件，除了可以帮助用户建立线上形象进行印象管理外，还是用户维护其社交关系的重要渠道。然而，社交媒体独特的沟通环境使得用户面临严重的角色冲突和角色过载，而这些角色压力使得用户的印象管理和关系维护成为一个两难的问题。本章从这一两难问题入手探究缓解社交媒体用户潜水的机制。首先，对于用户而言，其在社交媒体上的联系人构成了其重要的社会关系，是其社会资本的重要组成部分，维护社交关系是用户使用社交媒体的一个重要原因。对于社交媒体用户来说，他们或许会为了维护其社交关系而在社交媒体上花费更多的时间和精力并承担一定的印象管理风险，从而降低潜水的意愿。其次，社交媒体上突出的角色压力问题是每个用户都面临的困境，长期处于这种环境下的用户或许已经接受了这种独特的社交环境，并对其他用户和自己的社交行为有了更多的包容，从而降低潜水意向。因此，研究3将从用户的社交关系维护和社交媒体氛围两个方面入手，结合印象管理理论、关系维护理论和氛围理论，来探究缓解社交媒体用户潜水的机制。

5.1 理论基础

5.1.1 印象管理理论

印象管理（Impression Management）[193]这一概念描述了角色理论的核心方面：个人如何通过戏剧中的设置、道具和剧本来创造、维持并提高其社会身份。Goffman[193]认为现实生活就是一个大舞台，生活中的每个人都在表演，每个人都同时扮演多个角色，在每一个固定的场景下，人们都扮演着一个角色，所有的言行都要和场景要求相吻合，每个人都尽力在进行印象管理，努力营造符合自己角色要求的印象。印象管理是一种目标导向的尝试过程，它通过在社交互动中提供对自我评估的有益信息，来影响他人对某个对象或事件的看法。人们在社会交往中总是会通过包装及美化自我形象，或者采取一些策略性的印象改善活动，以达到向朋友们呈现符合印象管理者自身利益的形象的目的[194]。因此，人们在社会交往中总是会包装及美化自我形象，或者采取一些策略性的印象改善活动[195]。

印象管理是人们控制他人对其印象形成的过程，在人际行为中起着重要作用。Leary和Kowalski[196]把印象管理的过程概括为一个两要素的模型：印象动机和印象建构。印象动机是指人们控制他人如何看待自己的动机的程度。它包括印象相关的目标、预期目标的价值，以及预期形象与目前形象之间的差异。印象建构是指人们通过印象管理策略来实现自己期望的印象管理目标。它包括自我概念、期望的和不期望的身份形象、角色限制、目标的价值，以及目前的或潜在的社会形象。在形成印象动机的过程中，人们会基于自我需求和特定目的而希望能够在别人心中留下良好的印象，并基于这种愿望而产生控制别人如何更好看待自己的行为动力；而在动机需求的引导下，人们又会开始考虑如何在他人心中构建自我良好的形象，其中外在形象修饰、行为举止展现以及语言口头表述等方式都是印象构建的主要手段[197]。

随着社交媒体的深度使用，人们越来越多的社交关系被转移到线上，社交媒体已经成为用户维护社交关系和管理自我形象的重要渠道。用户在社交媒体上呈现的角色与现实生活相关的角色（如家庭关系中的角色、职场关系中的角色等）相类似，所呈现的相应的角色特征都是符合社会规范要求的[21,143,198,199]。社交媒体提供了一个“异步的（Asynchronous）”和“可控的（Controllable）”沟通环境，使得用户能够更好地控制他们的自我表现行为[23]。社交媒体用户可以更有策略地优化他们的线上形象[24]，例如，分享他们的最佳照片和事件，仔细地斟酌社交互动的内容。因此，社交媒体促进了用户的印象构建过程，从而激发了他们的印象动机[24-27]。

然而，在社交媒体开放的环境下，随着用户联系人数量的日益增多，用户面临着严峻的角色冲突和角色过载问题。这些来自角色的压力使得用户很难应对来自各个角色的期望和行为规范，从而很容易导致用户印象构建过程的失败，提高了印象管理的风险。对于社交媒体用户而言，角色压力严峻的社交环境是他们不可控的，甚至超出了他们的能力范围。而印象管理强调“自我控制”的重要性，只有良好的自我期望和自我控制才会促使印象管理这一行为的发生[197]。因此，在面对巨大的印象管理风险和不可控的印象管理环境时，用户的印象管理动机会大大降低，从而参与社交媒体互动的需求和积极性也会大打折扣。为了不至于使自己的自我形象受损，在没有过多时间和精力应对这些问题时，用户就会采取消极的社交媒体潜水行为。具体地，本书用社交媒体用户感知到的印象不满意度来作为他们对印象管理风险的认知度量。

5.1.2 关系维护理论

关系维护（Relationship Maintenance）是指保持社交关系的存在处于满意状态或处于修复状态的过程[200]。社交关系提供了许多好处，包括陪伴、获取信息、情感和物质支持等[201]。社交关系是构建社会资本的基础，是人们获取社会资本的根源。社会资本的维系需要不断地贡献和投资，积极地维持社交关系对于社会资本的构建至关重要[202]。社交媒体为用户的关系维护提供了一个理想的平台，并使得用户可以低成本地与其他人进行交互[203]。用户在社交媒体上可以广泛地传播消息并通过各种沟通渠道促进参与、反馈和互动[203]，从而促进了资源交换，并使用户能够培育桥接的社会资本[204]。

社交关系需要定期投入精力以维持其生存[205]。频繁的交流会为相互的自我披露和社会支持提供机会，从而加深社交关系[206]。社交媒体方便了用户与老朋友保持联系，尤其是与那些可能不经常见到的人保持社交关系。社交媒体上的关系维护行为可以理解为“社交修饰”的一种形式，这种活动可以发出关注信号、建立信任并创建互惠关注[201]。在社交媒体上，社交修饰是通过相互关注的成员之间的社交互动进行的，消息的内容、频率和长度表明了关系的强度[204]。对于社交媒体用户而言，社交修饰代表了他们渴望与朋友保持联系以及对他人的好奇心，而时间成本则是他们愿意为此关系投入资源的信号[201]。

社交媒体汇聚了用户大量的社交关系，极大地扩展了用户的社交网络。尽管时间和认知上的限制阻止了个人社交网络的无限扩展，但社交关系网的扩展增加了获得社会资本的途径。同时，在社交媒体的情境下，一个拥有更多关系的“超级网络”也使得用户的关系维护变得更有效率。不仅一对一的交流可以维持社交关系，将新闻、有意义的广播同时发送给许多朋友也可以保持社交关系[204]。在社交媒体上，用户通过发布帖子来展示自己的日常生活、分享感兴趣的话题、寻求社会支持等，其他用户可以通过评论、转发、点赞等与其互动，从而维持相互之间的社交关系。社交媒体沟通模式已经日益成为当今社会人们互动交流的主流范式，因此，通过社交媒体来了解朋友的现状并给予朋友社会支持和关注已经成为人们保持社交关系的主要途径。

关系维护是用户参与社交媒体互动的主要动机之一，而社交关系强度是用户愿意为维护关系付出努力并积极投入资源的主要动力。强关系可以提供给用户更多有价值的信息，并给予更多的情感和社会支持。强关系的形成通常源于长期的关系投资、亲缘关系，以及地理和文化上的相似性等。用户为了维持强关系通常需要花费更多的时间和精力，强关系的用户之间也会进行更频繁、更密切的沟通。因此，本书将从关系维护的视角去探究关系强度对于社交媒体用户潜水行为的缓解机制。

5.1.3 氛围理论

“氛围（Atmospherics）”这一术语首次被Kotler[207]用于描述零售环境的设计，它被Kotler定义为：通过有意识的空间设计对购物者造成某些特定的影响。氛围一直是市场研究的焦点，在Kotler的研究之后的几十年里，关于氛围的研究大多围绕着零售环境展开，积极的氛围也可能与未来的购买习惯有关。有些研究集中在针对消费者的就餐环境上，研究了氛围的视觉、听觉、嗅觉和触觉因素，以提供最佳的客户体验。例如，在用餐选择上，氛围会影响顾客对所选供应商的总体满意度[208]。餐厅和餐厅座位区的氛围是整个用餐体验的一部分，这些体验会受到环境中气味、灯光、座位、噪声和颜色的影响。Kotler[207]还列出了用于氛围的视觉、听觉、嗅觉和触觉方面的感官术语的分组。具体地，视觉方面是指顾客看到的颜色和光线的结合。氛围听觉类别包括顾客在一个环境中体验的计划内的和计划外的声音。嗅觉成分指的是顾客在一个环境中的嗅觉。最后，触觉范畴是顾客体验的空间感和拥挤感。按照Kotler的观点，适应特定的环境对各种企业的营销努力都极为有益。通过创造一个积极的氛围，企业可以影响客户的态度和未来的行动。

环境影响行为的一个重要方式是通过线索。线索是环境中传达重要信息或触发情感反应的元素。例如，对于那些路过的人来说，在人行道上乱扔垃圾是一个环境暗示，其他人没有遵守不乱扔垃圾的规范，看到这样的线索很可能会影响一个人自己的行为，使得他也会在道路上乱扔垃圾。特定环境中的线索会通过传递重要信息或触发情感反应来影响人们的行为[209]。氛围理论作为对环境线索的一种解释，在信息系统领域的研究中也得到了广泛的应用，社区氛围对于用户的使用行为的影响已经得到广泛的验证。例如，Zhang等[32]关于在线社交网络社区中的产品推荐行为的研究中，基于刺激-机体-反应框架研究了社区氛围线索对情感社交距离和后续产品推荐的影响。研究发现，社区互惠和社区接受度对产品推荐有直接影响，而社区氛围线索通过情感社会距离对产品推荐有间接影响。Pai和Tsai关于消费社群中资讯分享行为的前因及调节机制的研究[210]，也指出了社区接受度作为环境线索，对网络消费社群中资讯分享行为的积极作用。所以，氛围理论在社交媒体的相关研究中有着扎实的使用背景，对于本书的研究情境也有很强的解释力和适用性。

在社交媒体的情境下，社区接受度（Community Receptivity）作为一种环境线索，会营造一种良好的社交氛围，并促进用户积极的社交行为。一个融洽的、包容性强的社区氛围会使用户愿意留在这里，并积极地参与到社交互动中来。良好的社区氛围会增加用户的组织承诺并有利于缩短用户之间的情感距离，这对用户之间的社交互动和关系维护有着积极的促进作用。此外，社区接受度高的社交媒体氛围，使得用户可以畅所欲言，对于用户一些不当的言论和行为都有更多的包容性，所以，由于角色冲突和角色压力带来的印象管理风险等不良后果会得到一定程度的削弱。因此，本书将社区接受度作为社交氛围的度量，探究其对于社交媒体用户潜水机制的缓解作用，以及其对用户在印象管理与关系维护这两种动机的博弈中起到的调节作用。

5.2 研究模型与假设

研究3将从用户的社交关系维护和社交媒体氛围两个方面入手，探究缓解角色压力对用户潜水意向影响的因素和机制。具体地，我们提出角色压力会增加用户的印象管理不满意度并导致用户的潜水意向，而用户感知到的社交媒体上的社区接受度会降低印象管理不满意度并增加社交互动需求，同时缓解角色压力对潜水意向的影响。用户对其社交关系强度的感知将会促进其社交互动需求并降低潜水意向，同时负向调节印象管理不满意度对潜水意向的影响。此外，社交互动需求对于潜水意向有负向作用。具体的研究模型如图5-1所示。

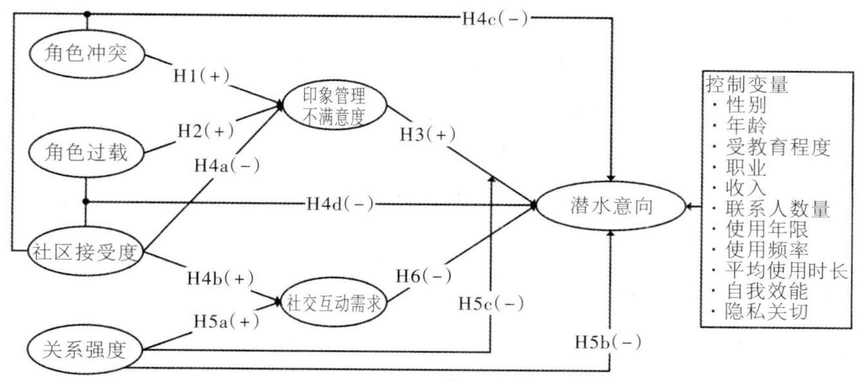

注：椭圆框代表一阶构念，矩形框代表控制变量。

图5-1 研究3理论模型

角色冲突和角色过载是用户在社交媒体上进行印象管理的最大障碍。社交媒体使得用户的社交互动摆脱了时间和空间的限制，也给用户的社交行为带来了巨大的角色压力问题。在角色冲突的情况下，用户不得不平衡两个或多个相互冲突的社交活动，有时候为了满足一些/个角色的期望而不得不牺牲另一些/个角色的期望，或者为了表达自己的真实感受和想法可能会表现出与他人的期望不一致的行为。这就使得用户的实际表现行为未能达到他人预期而受到他人不好的评价，从而不利于用户的印象管理。而在角色过载的情况下，用户由于时间和精力的局限而不能满足各个角色的期望，甚至不能及时回应他人的社交请求，这样就会给他人留下不好的印象，并且难以树立理想的线上形象。因此，角色冲突和角色过载会使用户的实际表现不能达到自己的期望而难以树立理想的线上形象，甚至由于不能达到他人的期望而难以维持现有的线上形象，从而增加用户印象管理的不满意度。所以，我们提出以下假设：

H1：用户感知到的角色冲突正向影响其感知到的印象管理不满意度。

H2：用户感知到的角色过载正向影响其感知到的印象管理不满意度。

社交媒体日益成为人们日常生活的“舞台”的扩展，用户在社交媒体上呈现的角色与现实生活中的角色（如家庭关系中的角色、职场关系中的角色等）相类似[198]。用户在社交媒体上进行互动的过程中，都会用各种方式有意无意地表演，从而维持、加强或改变他人对自己的印象[211]。因此，印象管理一直被认为是用户参与社交媒体互动的重要动机之一[25]。然而，社交媒体独特的沟通环境与用户在社交媒体上复杂的社交网络使得用户很难树立并维持理想的线上形象，并会阻碍用户的印象构建过程。对于社交媒体用户而言，不满意的印象管理体验会削弱他们的印象管理动机，从而采取消极的社交行为。此外，为了不至于对自己的形象产生负面的影响，用户会采取潜水的社交规避策略来将这种风险降到最低。由此，提出如下假设：

H3：用户感知到的印象管理不满意度正向影响其潜水意向。

社区接受度是指社区成员之间相互倾听和对他人观点持开放态度的程度[32,212,213]。在一个社区接受度较高的社交氛围下，用户之间越愿意听取彼此真实的想法，对于彼此社交行为的包容性也就越强。在这种情况下，社区成员之间不再以严格的行为规范和准则来约束彼此，对于他人的一些不当行为也能给予更多的容许和包容，给与他人的印象评价也会更加积极和正面。因此，一个接受度高的社区氛围会降低用户对于印象管理风险的担忧，从而降低他们对印象管理不满意度的感知。由此，提出如下假设：

H4a：用户感知到的社区接受度负向影响其感知到的印象管理不满意度。

不断发展的开放性、包容性和融洽关系预示着以成员为中心的定位[210,214]。在这种社交氛围下，成员会将他们的参与行为作为一种真实自我的表达体验，而人们都有向外界展示真实的自己或内在自我的需求[215-217]，从而参与社交互动的需求就越强烈。此外，当在线社区提供了一种鼓励倾听和开放的氛围时，成员就会更频繁地与其他成员进行双向交流[32]。这一交流过程促进了自由思想的产生，如果成员们接触到更多丰富的、自由共享的思想或信息，他们就更有可能产生积极的参与行为。因此，对于社交媒体用户而言，社区成员之间的接受度越高，他们参与社交互动的需求就会越强烈。由此，提出如下假设：

H4b：用户感知到的社区接受度正向影响其社交互动需求。

一个社区接受度高的社交氛围预示着社区以用户为中心的价值取向，用以约束用户行为的那些客观的行为规范和准则将会变得宽松和不具压迫。在这种融洽社交氛围下，社区成员对不同的观点持开放态度，并愿意倾听他人的意见，社区成员可以自由发表自己的想法而不必担心会引起争执[210]。因此，在社交媒体上由角色冲突和角色过载所带来的约束和压力将会得到缓解。此外，当用户感知到不受以某种方式行事的压力时，他们与社区之间的心理距离就会缩短[218]，对社区的情感纽带和社区承诺将会增加。因此，在面对角色冲突和角色过载造成的社交困扰时，用户将不会轻易地选择消极的社交规避行为。所以，社区接受度将会降低角色冲突和角色过载对于潜水意向的影响。由此，提出如下假设：

H4c：用户感知到的角色冲突和社区接受度越高时其潜水意向就越低。

H4d：用户感知到的角色过载和社区接受度越高时其潜水意向就越低。

关系强度是指用户与其他成员之间的亲密度，以及他们愿意维持相互关系的程度[219]。强关系的用户之间通常愿意花费更多的时间进行社交互动，并且愿意分享更多有用的信息，同时也能给予彼此更多的帮助[219]。所以，强关系会促进用户之间的社交互动，并降低潜水意向。此外，社交媒体为用户提供了一个重要的渠道，用以维护他们的社交关系[66]。社交媒体上的用户与其他用户进行社交活动并建立连接的主要原因是他们对个人资料背后的用户感兴趣，并希望维护其相互关系[64]。因此，对于社交媒体用户而言，为了维护与他人之间的关系强度，他们就需要积极地参与社交媒体互动，对于社交媒体互动的需求也就越强烈，从而潜水的意向就会越低。由此，提出如下假设：

H5a：用户感知到的与其他用户之间的关系强度正向影响其社交互动需求。

H5b：用户感知到的与其他用户之间的关系强度负向影响其潜水意向。

关系强度与社交网络中个体与其他成员之间的亲密关系有关。强关系的特征主要有共同的规范、开放和频繁的沟通、信任和情感的亲密、表达性和工具性的交流、长期的互惠和亲密关系的维持[220,221]。强关系会促使用户之间进行更频繁、更亲密的社交互动，比如分享有价值的信息，甚至个人秘密等。此外，强关系会促进信任的形成和互惠的建立。强关系的用户之间会有更大的动力、时间和精力去寻求帮助或给予他人帮助。对于社交媒体用户而言，强关系是他们获得重要社会资本和社会支持的主要渠道。因此，维护强关系对于社交媒体用户而言具有极大的价值，为了维护强关系，他们会付出更多的努力并承担一定的印象管理风险。因此，对于社交媒体用户而言，即使对于他们在社交媒体上的印象管理体验不满意，也会为了获取社交收益而做出妥协，从而降低潜水意向。由此，提出如下假设：

H5c：用户感知到的与其他用户之间的关系强度负向调节印象管理不满意度与潜水意向之间的关系。

社交媒体是用户交换社会支持、维持现有关系并结识新朋友的主要场所[188]。社交媒体为用户之间的社交互动提供了极其便利的场所，无论处于何时何地，用户都可以与其联系人随时随地进行社交互动。用户可以通过分享内容、评论或转发他人的内容，或者用“喜欢”标记他人的内容来与他人进行社交互动。在已有的社交圈子中，人们使用社交媒体来增强联系和发展共识[222,223]，通过频繁的社交互动来增进彼此之间的情感链接并发展更多共同的话题。因此，社交互动需求越强的用户越愿意参加社交媒体互动，从而潜水意向就越低。由此，提出如下假设：

H6：用户的社交互动需求负向影响其潜水意向。

此外，人口统计学因素（即性别、年龄、学历、职业和收入）和社交媒体的使用经历（即朋友数量、使用年限、使用频率和平均使用时间）被认为会影响社交媒体的使用行为[98,146]。先前的研究还证实了隐私关切[146,147]、社交媒体自我效能[187]都对社交媒体上的发布行为有影响。隐私关切也被认为是潜水的关键影响因素[28,30]。因此，所有这些因素都被作为潜水意向的控制变量纳入了研究模型（如图 5-1 所示）。

5.3 研究方法

5.3.1 量表设计

这项研究的量表均引用前人研究的成熟量表，并基于本研究的情境做了适当调整。特别地，本研究根据社交媒体用户发布内容的具体形式对潜水意向进行了更细致的测量，此外，本研究将用户在社交媒体上印象构建的不满意程度作为印象管理风险的测量。由于原始量表是英文的，我们首先将量表翻译成中文，然后再翻译回英文（即从中文译成英文）[98]。该过程由作者本人完成，并经两位相关领域精通中文和英文的教授确认无误，解决了翻译过程中可能存在分歧和矛盾之处的问题，以确保最终量表具有较高的质量。在进行正式调查之前，我们组成了一个由3名来自信息系统研究领域的研究人员和5名经验丰富的社交媒体用户的研究生组成的焦点小组，以进一步确认这些题项的可靠性。之后我们对20名社交媒体的学生用户进行了预测试，并与受试者进行了面对面的访谈，从而收集了他们对问卷的意见。在分析了受试者的反馈意见之后，在进行正式的调查研究之前，对量表进行了一些较小的修订以完善问卷。最终量表在附录A3中列出。所有题项均使用从“（1）非常不同意”到“（7）非常同意”的七级李克特量表进行测量。

5.3.2 数据收集

我们开发了一个基于网页的调查问卷，以测量用户使用社交媒体的相关研究变量和基本人口统计学信息。在这项研究中，我们将国内最流行的微信朋友圈作为目标社交媒体网站。该研究中数据来源和数据收集方式与研究2中相同，共收到641份有效回复。通过比较早期和晚期受试者所有变量和人口统计学特征的均值，检验了无响应偏差，t检验结果未发现显著差异。表5-1显示了样本人口统计数据，这些样本与微信的实际用户特征基本一致。

表5-1 **受试者人口统计学特征**

人口统计学特征	类别	频数	百分比（%）
性别	男	344	53.66
	女	297	46.34
年龄	19岁及以下	61	9.52
	20~29岁	216	33.70
	30~39岁	224	34.94
	40~49岁	101	15.76
	50岁及以上	39	6.08
受教育程度	高中及以下	20	3.12
	专科	200	31.20
	本科	387	60.37
	硕士	31	4.84
	博士	3	0.47
职业	学生	92	14.35
	公务员	137	21.37
	事业单位职工	33	5.15
	企业员工	186	29.02
	个体经营者	128	19.97
	其他	65	10.14
收入（元/月）	≤2 000	123	19.19
	≤5 000且>2 000	188	29.33
	≤8 000且>5 000	130	20.28
	≤15 000且>8 000	129	20.12
	>15 000	71	11.08

续表

人口统计学特征	类别	频数	百分比（%）
联系人数量（人）	≤100	48	7.49
	≤200且>100	240	37.44
	≤300且>200	172	26.83
	≤400且>300	70	10.92
	≤500且>400	46	7.18
	>500	65	10.14
使用年限（年）	≤1	2	0.31
	≤3且>1	153	23.87
	≤5且>3	278	43.37
	≤7且>5	143	22.31
	>7	65	10.14
使用频率	每小时一次	88	13.73
	每天几次	405	63.18
	每周几次	124	19.35
	每月几次	14	2.18
	更少	10	1.56
每天使用时长	≤15分钟	23	3.59
	≤30分钟且>15分钟	100	15.6
	≤1 小时且>30分钟	201	31.36
	≤2 小时且>1小时	178	27.77
	≤3 小时且>2小时	71	11.08
	>3 小时	68	10.60
合计		641	100

5.4 数据分析

本书使用SmartPLS 3.0检验提出的模型和假设检验。PLS-SEM建模在目前的研究中比较流行，特别是它所具有的一些独特优势，例如，对测量规模、样本分布和样本大小的要求较低。PLS-SEM分析的主要目的是最大程度地解释模型的内生变量的方差[148]。它擅长因果关系推断，尤其是针对那些复杂且几乎没有建立基础的假设关系[32]。我们之所以选择PLS-SEM，是因为它有助于以发现为导向的或理论开发过程类的研究，从而寻求和确定一个构念的关键驱动因素，并且它能够处理复杂的潜变量模型，尤其是那些具有大量题项的潜变量[149,150]。在只有反映型构念的研究模型中，PLS-SEM所需的样本量至少是指向某一内生变量最大路径数的10倍[151]。在我们的研究模型中，所有潜变量都是反映型构念，指向内生变量的最大路径数为16。因此，样本量641足以使用PLS技术分析本书的研究模型。

5.4.1 共同方法偏差检验

与所有自我报告的数据存在的局限一样，可能由一致性动机和社会期许等多种来源导致共同方法偏差问题[152,153]。我们通过统计分析来评估共同方法偏差的严重性程度。首先，根据Podsakoff和Organ[152]提供的检验方法，Harmon单因子分析技术被用于检验模型中的11个构念的测量结果是否存在共同方法偏差问题，包括：角色冲突、角色过载、社区接受度、关系强度、社交互动需求、潜水意向、自我效能和隐私关切。检验结果表明，由一个因子解释的最大协方差是19.683%。因此，没有一个单一的因子可以解释大多数的方差，这表明共同方法偏差不会对结果产生影响。其次，我们使用了Malhotra等提出的标记变量法来帮助检验和控制共同方法偏差问题[154]。为了使用标记变量法，我们仔细考虑了与该研究现象无关的变量。最终，我们选取了幻想（Fantasizing）这一与研究主题无关的构念作为标记变量，幻想是指人们具有生动想象力的程度[192]。结果表明，路径系数和模型拟合值与原始估计值一致

（如表5-2所示）。因此，我们得出结论，共同方法偏差在本研究中并不是一个严重的问题。

表5-2　　标记潜变量法检验共同方法偏差

关系	不含标记变量		含标记变量	
	路径系数	p-值	路径系数	p-值
角色冲突 → 印象管理不满意度	0.132***	0	0.124***	0.001
角色过载 → 印象管理不满意度	0.460***	0	0.456***	0
印象管理不满意度 → 潜水意向	0.097*	0.041	0.094*	0.050
社区接受度 → 印象管理不满意度	−0.149***	0	−0.155***	0
社区接受度 → 社交互动需求	0.117*	0.014	0.094*	0.033
社区接受度×角色冲突 → 潜水意向	−0.113*	0.017	−0.107*	0.022
社区接受度×角色过载 → 潜水意向	0.068ns	0.161	0.049ns	0.325
关系强度 → 社交互动需求	0.497***	0	0.476***	0
关系强度 → 潜水意向	−0.219***	0	−0.220***	0
关系强度×印象管理不满意度 → 潜水意向	−0.053ns	0.209	−0.045ns	0.278
社交互动需求 →潜水意向	−0.086*	0.04	−0.111**	0.009

注：* p<0.05，** p<0.01，*** p<0.001，ns p>0.05。

5.4.2　测量模型检验

测量模型评估的目的是确保测量题项的信度、聚合效度和区别效度。检验题项信度的通用方法包括查看每个题项的因子载荷是否大于0.60，或者在理想的情况下是否大于0.70[156]。本研究中所有的题项在其各自的构念上的因子载荷见表5-3，大多数因子载荷都大于0.7，只有少数几个因子载荷大于0.6，因此证明了测量题项具有较好的信度。如表5-4所示，每个构念的Cronbach's α值和组合信度（Composite Reliability，CR）均大于等于0.7；所有构念的平均方差萃取值（Average Variance Extracted，AVE）均大于0.5，rho_A值也大于0.7[157]。因此，满足了内部一致性标准。测量模型评估的第三步是检验其区别效度。如表5-5所示，根据Fornell-Larcker准则，AVE的平方根（对角线上的粗体数字）高于潜变量与其他潜变量之间的相关系数[158]。如表5-6所示，相关性的异质-单质比值（Heterotrait-Monotrait Ratio）低于0.9的阈值[157]。这些结果提供了足够的证据证明这些构念具有较好的区别效度。当题项在其目标构念上的因子载荷高于其在模型中其他构造上的因子载荷时，可进一步确定区别效度。表5-3列出了本研究中所有题项的交叉因子载荷，结果表明所有题项在其目标构念上的载荷比在其他任何构念上的载荷更高。因此，测量模型具有较好的区别效度。

表5-3 **交叉因子载荷矩阵**

	RC	RO	ComR	TS	IMD	SIN	LI	PC	SE
RC1	**0.704**	0.351	0.194	0.196	0.242	0.205	-0.02	0.27	0.156
RC2	**0.718**	0.352	0.146	0.129	0.214	0.106	0.056	0.195	0.052
RC3	**0.653**	0.262	0.185	0.13	0.196	0.152	-0.029	0.155	0.081
RC4	**0.793**	0.446	0.089	0.042	0.289	0.08	0.148	0.196	0.031
RO1	0.496	**0.785**	0.194	0.117	0.363	0.109	0.209	0.29	0.049
RO2	0.479	**0.644**	0.233	0.189	0.281	0.198	0.028	0.293	0.131
RO3	0.429	**0.846**	0.097	0.033	0.404	0.031	0.228	0.291	-0.046
RO4	0.383	**0.862**	0.076	0.006	0.468	0.004	0.309	0.278	-0.054
RO5	0.406	**0.856**	0.127	-0.015	0.463	-0.021	0.336	0.291	-0.087
RO6	0.271	**0.72**	0.111	-0.011	0.351	-0.004	0.319	0.342	-0.077
ComR1	0.231	0.191	**0.853**	0.479	-0.001	0.335	-0.063	0.166	0.405
ComR2	0.133	0.1	**0.901**	0.523	-0.077	0.368	-0.158	0.155	0.377
TS1	0.145	0.073	0.397	**0.695**	0.044	0.334	-0.197	0.036	0.25
TS2	0.139	0.022	0.491	**0.822**	-0.063	0.488	-0.238	0.12	0.404
TS3	0.148	0.026	0.459	**0.836**	-0.026	0.533	-0.232	0.094	0.418
TS4	0.074	0.036	0.451	**0.791**	-0.024	0.386	-0.221	0.032	0.346
IMD1	0.262	0.433	-0.055	-0.043	**0.856**	-0.117	0.208	0.171	-0.089
IMD2	0.311	0.476	-0.036	-0.057	**0.887**	-0.125	0.237	0.215	-0.148

续表

	RC	RO	ComR	TS	IMD	SIN	LI	PC	SE
IMD3	0.287	0.395	-0.038	0.011	**0.838**	-0.026	0.148	0.213	-0.077
IMD4	0.286	0.419	-0.038	0	**0.857**	-0.071	0.246	0.23	-0.06
SIN1	0.114	0.011	0.241	0.354	-0.059	**0.699**	-0.128	0.2	0.359
SIN2	0.142	0.029	0.284	0.439	-0.114	**0.799**	-0.183	0.136	0.406
SIN3	0.114	0	0.259	0.423	-0.112	**0.767**	-0.192	0.144	0.375
SIN4	0.15	0.042	0.358	0.508	-0.036	**0.826**	-0.173	0.113	0.367
SIN5	0.168	0.083	0.392	0.439	-0.077	**0.77**	-0.184	0.155	0.36
LI1	0.047	0.236	-0.118	-0.237	0.166	-0.173	**0.743**	0.123	-0.139
LI2	0.026	0.205	-0.142	-0.224	0.176	-0.153	**0.751**	0.071	-0.143
LI3	0.029	0.262	-0.139	-0.272	0.181	-0.21	**0.824**	0.102	-0.153
LI4	0.038	0.256	-0.131	-0.267	0.143	-0.192	**0.84**	0.116	-0.209
LI5	0.067	0.273	-0.09	-0.21	0.207	-0.136	**0.849**	0.125	-0.153
LI6	0.076	0.251	-0.128	-0.234	0.216	-0.202	**0.861**	0.14	-0.18
LI7	0.104	0.332	-0.039	-0.183	0.239	-0.168	**0.843**	0.098	-0.138
LI8	0.088	0.3	-0.043	-0.192	0.213	-0.111	**0.837**	0.1	-0.128
LI9	0.037	0.255	-0.121	-0.229	0.251	-0.273	**0.723**	0.08	-0.278
PC1	0.221	0.327	0.129	0.088	0.204	0.113	0.133	**0.847**	0.091
PC2	0.251	0.331	0.191	0.061	0.238	0.177	0.129	**0.864**	0.124
PC3	0.276	0.292	0.193	0.141	0.162	0.246	0.043	**0.829**	0.171
PC4	0.232	0.274	0.116	0.069	0.173	0.162	0.085	**0.822**	0.079
SE1	0.082	-0.042	0.33	0.37	-0.106	0.382	-0.18	0.093	**0.83**
SE2	0.109	-0.04	0.402	0.406	-0.094	0.452	-0.203	0.134	**0.89**
SE3	0.062	-0.005	0.373	0.365	-0.069	0.346	-0.124	0.08	**0.75**

注：角色冲突（RC），角色过载（RO），社区接受度（ComR），关系强度（TS），印象管理不满意度（IMD），社交互动需求（SIN），潜水意向（LI），隐私关切（PC），自我效能（SE）。

表5-4　　信度检验

构念	AVE	CR	Cronbach's α	rho_A
角色冲突	0.517	0.810	0.700	0.717
角色过载	0.623	0.908	0.879	0.901
社区接受度	0.770	0.870	0.704	0.721
关系强度	0.621	0.867	0.797	0.817
印象管理不满意度	0.739	0.919	0.882	0.887
社交互动需求	0.598	0.881	0.832	0.841
潜水意向	0.655	0.945	0.934	0.935
隐私关切	0.707	0.906	0.870	0.914
自我效能	0.681	0.864	0.769	0.807

注：平均方差萃取（AVE），组合信度（CR）。

表5-5　　区分效度检验：福内尔-拉克尔准则

	RC	RO	ComR	TS	IMD	SIN	LI	PC	SE
角色冲突（RC）	**0.719**								
角色过载（RO）	0.502	**0.789**							
社区接受度（ComR）	0.202	0.161	**0.878**						
关系强度（TS）	0.161	0.046	0.572	**0.788**					
印象管理不满意度（IMD）	0.333	0.503	−0.048	−0.028	**0.86**				
社交互动需求（SIN）	0.180	0.045	0.401	0.564	−0.102	**0.774**			
潜水意向（LI）	0.070	0.326	−0.131	−0.282	0.246	−0.224	**0.809**		
隐私关切（PC）	0.283	0.370	0.182	0.095	0.241	0.189	0.132	**0.841**	
自我效能（SE）	0.105	−0.038	0.443	0.459	−0.111	0.481	−0.210	0.128	**0.825**

注：（1）对角线上粗体数字为AVE值的平方根；（2）对角线下方数字为潜变量相关系数。

表5-6 **区分效度检验：相关的异质-单质比率**

	角色冲突	RO	ComR	TS	IMD	SIN	LI	PC
角色过载（RO）	0.652							
社区接受度（ComR）	0.313	0.232						
关系强度（TS）	0.231	0.108	0.759					
印象管理不满意度（IMD）	0.417	0.557	0.066	0.059				
社交互动需求（SIN）	0.246	0.107	0.516	0.672	0.121			
潜水意向（LI）	0.112	0.338	0.169	0.326	0.269	0.251		
隐私关切（PC）	0.372	0.421	0.237	0.131	0.262	0.247	0.128	
自我效能（SE）	0.147	0.114	0.608	0.575	0.130	0.597	0.240	0.163

5.4.3 结构模型检验

图5-2给出了结构模型的检验结果。我们使用SmartPLS 3.0提供的Bootstrapping方法来确定每个路径系数的t值和显著性水平，并使用SmartPLS 3.0提供的二阶计算方法（Two-stage）验证调节作用。该模型解释了潜水意向27.3%的方差、社交互动需求32.7%的方差和印象管理不满意度28.3%的方差。

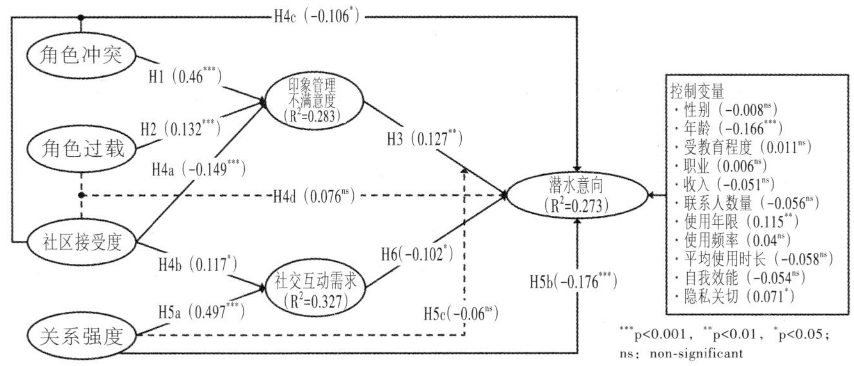

注：实线"—"代表检验结果显著，虚线"--"代表检验结果不显著。

图5-2 研究3模型检验结果

如图5-2所示，H1、H2、H3、H4a、H4b、H4c、H5a、H5b和H6得到了支持，H4d和H5c未得到验证，具体结果如下：

（1）用户感知到的角色冲突与印象管理不满意度之间的路径系数为（$\beta=0.46$，$t=3.545$，$p<0.001$），即用户感知到的角色冲突程度越高，其感知到的印象管理不满意度也越高。

（2）用户感知到的角色过载与印象管理不满意度之间的路径系数为（$\beta=0.132$，$t=11.688$，$p<0.001$），即用户感知到的角色过载程度越高，其感知到的印象管理不满意度也越高。

（3）用户感知到的印象管理不满意度与潜水意向之间的路径系数为（$\beta=0.127$，$t=2.685$，$p<0.01$），即用户感知到的印象管理不满意度程度越高，其潜水意向也越高。

（4）用户感知到的社区接受度与印象管理不满意度之间的路径系数为（$\beta=-0.149$，$t=3.941$，$p<0.001$），即用户感知到的社区接受度越高，其感知到的印象管理不满意度就越低。

（5）用户感知到的社区接受度与社交互动需求之间的路径系数为（$\beta=0.117$，$t=2.471$，$p<0.01$），即用户感知到的社区接受度越高，其参与社交互动的需求也越高。

（6）用户感知到的社区接受度与角色冲突对其潜水意向的交互作用为（$\beta=-0.106$，$t=2.29$，$p<0.05$），即用户感知到的角色冲突程度和社区的接受程度都高的时候，其潜水意向会降低。

（7）用户感知到的社区接受度与角色过载对其潜水意向的交互作用为（$\beta=0.076$，$t=1.586$，$p>0.05$），即社区接受度和角色过载对潜水意向的交互作用不显著。

（8）用户感知到的与其社交媒体上的联系人之间的关系强度与其社交互动需求之间的路径系数为（$\beta=0.497$，$t=11.742$，$p<0.001$），即用户感知到的与其社交媒体上的联系人之间的关系强度越强，其在社交媒体上的社交互动需求就越强烈。

（9）用户感知到的与其社交媒体上的联系人之间的关系强度与其社交媒体潜水意向之间的路径系数为（$\beta=-0.176$，$t=3.367$，$p<0.001$），即用户感知到的与其社交媒体上的联系人之间的关系强度越强，其在社交

媒体上的潜水意向就越低。

（10）用户感知到的与其社交媒体上的联系人之间的关系强度对印象管理不满意度与潜水意向之间关系的调节作用为（$\beta=-0.06$，$t=1.545$，$p>0.05$），即关系强度对印象管理不满意度与潜水意向之间关系的调节作用不显著。

（11）用户在社交媒体上的社交互动需求与潜水意向之间的路径系数为（$\beta=-0.102$，$t=2.412$，$p<0.05$），即用户在社交媒体上的社交互动需求越强烈，其潜水意向就越低。

在控制变量中，年龄、使用年限和隐私关切在统计学上是显著的。年龄越大，其社交媒体潜水意向就越低，而使用年限和隐私关切增加了用户对社交媒体的潜水意向。这可能是由于年轻人的社会地位普遍较低，他们对于他人的负面评价更为看重，因为这些负面评价可能会对他们产生较大的影响，因此，选择潜水的可能性更大一些。而随着社交媒体的使用，使用年限越久的用户对于社交媒体逐渐失去兴趣，开始出现参与降低的生命周期。同时，对于隐私的担忧也促使了用户降低参与社交互动的可能。假设检验结果汇总见表5-7。

表5-7　**模型假设检验结果**

假设内容	是否得到支持
H1：用户感知到的角色冲突正向影响其感知到的印象管理不满意度	支持
H2：用户感知到的角色过载正向影响其感知到的印象管理不满意度	支持
H3：用户感知到的印象管理不满意度正向影响其的潜水意向	支持
H4a：用户感知到的社区接受度负向影响其感知到的印象管理不满意度	支持
H4b：用户感知到的社区接受度正向影响其社交互动需求	支持
H4c：用户感知到的角色冲突和社区接受度都越高时其潜水意向就越低	支持
H4d：用户感知到的角色过载和社区接受度都越高时其潜水意向就越低	不支持
H5a：用户感知到的与其他用户之间的关系强度正向影响其社交互动需求	支持
H5b：用户感知到的与其他用户之间的关系强度负向影响其潜水意	支持
H5c：用户感知到的与其他用户之间的关系强度负向调节印象管理不满意度与潜水意向之间的关系	不支持
H6：用户的社交互动需求负向影响其潜水意向	支持

5.4.4 模型拟合度评估

我们通过检验标准化的均方根残差（Standardized Root Mean Square Residual，SRMR）、未加权最小二乘偏差（Unweighted Least Squares Discrepancy，dULS）和测地误差（Geodesic Discrepancy，dG）来评估研究模型的拟合优度[157]。SRMR、dULS和dG的值越低，理论模型的拟合度越好[157]。表5-8显示了模型拟合的结果。SRMR值低于阈值0.08，并且所有差异指标的值均低于自举分位数HI95[157]，这表明研究模型与数据之间具有很好的契合性。

表5-8 模型拟合优度评估

	值	HI95	结论
SRMR	0.033	0.036	支持
dULS	1.413	1.622	支持
dG	0.582	0.642	支持

5.4.5 潜水行为分类对比检验

用户在社交媒体上的潜水行为各种各样，例如，不发布、不评论、不回复和不点赞。通过对不同的潜水行为进行对比分析将能更加细粒度地解读用户行为，同时也能更加准确地描述社交媒体用户潜水的机制。对比分析的检验结果见表5-9，其中，模型1中的因变量潜水意向用的是不发布的潜水行为，模型2中的因变量潜水意向用的是不评论的潜水行为，模型3中的因变量潜水意向用的是不回复的潜水行为，模型4中的因变量潜水意向用的是不点赞的潜水行为。

表5-9 不同潜水行为的对比检验

关系路径	模型1	模型2	模型3	模型4
性别 → 潜水意向	0.026 （0.037）	0.007 （0.037）	−0.033 （0.038）	−0.008 （0.037）
年龄→ 潜水意向	−0.201*** （0.05）	−0.152** （0.052）	−0.149** （0.051）	−0.137** （0.052）

续表

关系路径	模型1	模型2	模型3	模型4
受教育程度 → 潜水意向	0.073 (0.045)	0.048 (0.044)	−0.041 (0.044)	−0.032 (0.042)
职业→ 潜水意向	0.019 (0.042)	0.014 (0.042)	−0.033 (0.041)	−0.002 (0.044)
收入→ 潜水意向	−0.038 (0.056)	−0.052 (0.056)	−0.022 (0.056)	−0.021 (0.058)
使用年限→ 潜水意向	0.06 (0.045)	0.108* (0.044)	0.135** (0.044)	0.082 (0.043)
联系人数量 → 潜水意向	0.002 (0.038)	−0.066 (0.038)	−0.077 (0.04)	−0.053 (0.041)
平均使用时长 → 潜水意向	−0.048 (0.043)	−0.062 (0.043)	−0.088* (0.042)	−0.039 (0.044)
使用频率→ 潜水意向	0.106* (0.042)	0.015 (0.042)	0.029 (0.042)	−0.01 (0.042)
自我效能→ 潜水意向	−0.026 (0.041)	−0.04 (0.044)	−0.045 (0.043)	−0.034 (0.045)
隐私关切→ 潜水意向	0.072 (0.041)	0.076* (0.037)	0.093* (0.037)	0.018 (0.037)
角色冲突 → 印象管理不满意度	0.132*** (0.037)	0.132*** (0.036)	0.132*** (0.037)	0.13*** (0.038)
角色过载 → 印象管理不满意度	0.459*** (0.04)	0.46*** (0.04)	0.46*** (0.039)	0.46*** (0.04)
印象管理不满意度 → 潜水意向	0.108* (0.048)	0.057 (0.05)	0.132** (0.046)	0.128* (0.05)
社区接受度 → 印象管理不满意度	−0.15*** (0.038)	−0.149*** (0.037)	−0.149*** (0.038)	−0.149*** (0.037)
社区接受度 → 社交互动需求	0.12* (0.048)	0.117* (0.048)	0.117* (0.047)	0.116* (0.047)
社区接受度×角色冲突 → 潜水意向	−0.111* (0.049)	−0.116* (0.048)	−0.082 (0.049)	−0.109* (0.047)

续表

关系路径	模型1	模型2	模型3	模型4
社区接受度×角色过载 → 潜水意向	0.075 （0.047）	0.096* （0.047）	0.059 （0.05）	0.069 （0.048）
关系强度 → 社交互动需求	0.495*** （0.043）	0.496*** （0.042）	0.498*** （0.042）	0.498*** （0.042）
关系强度 → 潜水意向	−0.137* （0.056）	−0.187*** （0.053）	−0.148** （0.054）	−0.167** （0.055）
关系强度×印象管理不满意 → 潜水意向	−0.083* （0.041）	−0.032 （0.043）	−0.06 （0.04）	−0.037 （0.044）
社交互动需求 → 潜水意向	−0.074 （0.046）	−0.096* （0.044）	−0.075 （0.045）	−0.064 （0.047）
潜水意向的R^2	0.21	0.235	0.222	0.209
潜水意向的调整后R^2	0.185	0.211	0.197	0.183

注：（1）括号内数值为标准差，括号上方数值为回归系数；（2）* $p<0.05$，** $p<0.01$，*** $p<0.001$；（3）模型1因变量为不发布的潜水行为，模型2因变量为不评论的潜水行为，模型3因变量为不回复的潜水行为，模型4因变量为不点赞的潜水行为。

模型1的因变量为用户不发布行为的潜水意向。其结果显示，用户感知到的角色冲突与印象管理不满意度之间的路径系数为（β=0.132，t= 3.601，p<0.001），即用户感知到的角色冲突程度越高，其感知到的印象管理不满意度也越高。用户感知到的角色过载与印象管理不满意度之间的路径系数为（β=0.459，t=11.374，p<0.001），即用户感知到的角色过载程度越高，其感知到的印象管理不满意度也越高。用户感知到的印象管理不满意度与不发布行为的潜水意向之间的路径系数为（β=0.108，t=2.251，p<0.05），即用户感知到的印象管理不满意度程度越高，其不发布行为的潜水意向也越高。用户感知到的社区接受度与印象管理不满意度之间的路径系数为（β=−0.15，t=3.998，p<0.001），即用户感知到的社区接受度越高，其感知到的印象管理不满意度就越

低。用户感知到的社区接受度与社交互动需求之间的路径系数为（$\beta=0.12$，$t=2.515$，$p<0.01$），即用户感知到的社区接受度越高，其参与社交互动的需求也越高。用户感知到的社区接受度与角色冲突对其不发布行为的潜水意向的交互作用为（$\beta=-0.111$，$t=2.277$，$p<0.05$），即用户感知到的角色冲突程度和社区的接受程度都高的时候，其不发布行为的潜水意向会降低。用户感知到的社区接受度与角色过载对其不发布行为的潜水意向的交互作用为（$\beta=0.075$，$t=1.608$，$p>0.05$），即社区接受度和角色过载对不发布行为的潜水意向的交互作用不显著。用户感知到的与其社交媒体上的联系人之间的关系强度与其社交互动需求之间的路径系数为（$\beta=0.495$，$t=11.588$，$p<0.001$），即用户感知到的与其社交媒体上的联系人之间的关系强度越强，其在社交媒体上的社交互动需求就越强烈。用户感知到的与其社交媒体上的联系人之间的关系强度与其社交媒体不发布行为的潜水意向之间的路径系数为（$\beta=-0.137$，$t=2.433$，$p<0.05$），即用户感知到的与其社交媒体上的联系人之间的关系强度越强，其在社交媒体上的不发布行为的潜水意向就越低。用户感知到的与其社交媒体上的联系人之间的关系强度对印象管理不满意度与不发布行为的潜水意向之间关系的调节作用为（$\beta=-0.083$，$t=2.03$，$p<0.05$），即用户感知到其与社交媒体上其他用户之间的关系强度越强，其感知到的印象管理不满意度对不发布行为的潜水意向的影响就会越弱。用户在社交媒体上的社交互动需求与不发布行为的潜水意向之间的路径系数为（$\beta=-0.074$，$t=1.599$，$p>0.05$），即用户在社交媒体上的社交互动需求对其不发布行为的潜水意向影响不显著。在控制变量中，年龄和使用频率在统计学上是显著的。年龄显著降低了用户对社交媒体不发布行为的潜水意向，而使用频率显著增加了用户对社交媒体不发布行为的潜水意向。模型1中的结果表明，除了用户感知到的社交互动需求对其在社交媒体上不发布行为的潜水意向的影响不显著外，并且用户感知到的与其社交媒体上的联系人之间的关系强度对印象管理不满意度与不发布行为的潜水意向之间关系的调节作用显著，其他大部分的假设检验结果与主研究模型中的结论是一致的。

模型2的因变量为用户不评论行为的潜水意向。其结果显示，用户感知到的角色冲突与印象管理不满意度之间的路径系数为（β=0.132，t=3.64，p<0.001），即用户感知到的角色冲突程度越高，其感知到的印象管理不满意度也越高。用户感知到的角色过载与印象管理不满意度之间的路径系数为（β=0.46，t=11.597，p<0.001），即用户感知到的角色过载程度越高，其感知到的印象管理不满意度也越高。用户感知到的印象管理不满意度与不评论行为的潜水意向之间的路径系数为（β=0.057，t=1.138，p>0.05），即用户感知到的印象管理不满意度与其不评论行为的潜水意向之间的关系不显著。用户感知到的社区接受度与印象管理不满意度之间的路径系数为（β=−0.149，t=4.016，p<0.001），即用户感知到的社区接受度越高，其感知到的印象管理不满意度就越低。用户感知到的社区接受度与社交互动需求之间的路径系数为（β=0.117，t=2.455，p<0.01），即用户感知到的社区接受度越高，其参与社交互动的需求也越高。用户感知到的社区接受度与角色冲突对其不评论行为的潜水意向的交互作用为（β=−0.116，t=2.418，p<0.05），即用户感知到的角色冲突程度和社区的接受程度都高的时候，其不评论行为的潜水意向会降低。用户感知到的社区接受度与角色过载对其不评论行为的潜水意向的交互作用为（β=0.096，t=2.038，p<0.05），即用户感知到的社区接受度越高时，角色过载对不评论行为的潜水意向的影响就越高。用户感知到的与其社交媒体上的联系人之间的关系强度与其社交互动需求之间的路径系数为（β=0.496，t=11.72，p<0.001），即用户感知到的与其社交媒体上的联系人之间的关系强度越强，其在社交媒体上的社交互动需求就越强烈。用户感知到的与其社交媒体上的联系人之间的关系强度与其社交媒体不评论行为的潜水意向之间的路径系数为（β=−0.187，t=3.501，p<0.001），即用户感知到的与其社交媒体上的联系人之间的关系强度越强，其在社交媒体上的不评论行为的潜水意向就越低。用户感知到的与其社交媒体上的联系人之间的关系强度对印象管理不满意度与不评论行为的潜水意向之间关系的调节作用为（β=−0.032，t=0.75，p>0.05），即用户感知到其与社交媒体上其他用户之间的关系强度越强，其感知到的印象管理不满意度对不评论行为的潜水意向的影响就会越弱。用户在社交媒体上的社交互动需求与不评论行为的潜水意向之间的路径系数为（β=-0.096，t=2.067，p<0.05），即用户在社交媒体上的社交互动需求对其不评论行为的潜水意向影响不显著。在控制变量中，年龄、使用年限和隐私关切在统计学上是显著的。年龄显著降低了用户对社交媒体不评论行为的潜水意向，而使用年限和隐私关切显著增加了用户对社交媒体不评论行为的潜水意向。模型2中的结果表明，用户感知到的印象管理不满意度与不评论行为的潜水意向之间的关系是不显著的，而用户感知到的社区接受度与角色过载对其不评论行为的潜水意向的交互作用是显著的，其他大部分的假设检验结果与主研究模型中的结论是一致的。

模型3的因变量为用户不回复行为的潜水意向。其结果显示，用户感知到的角色冲突与印象管理不满意度之间的路径系数为（β=0.132，t=3.583，p<0.001），即用户感知到的角色冲突程度越高，其感知到的印象管理不满意度也越高。用户感知到的角色过载与印象管理不满意度之间的路径系数为（β=0.46，t=11.865，p<0.001），即用户感知到的角色过载程度越高，其感知到的印象管理不满意度也越高。用户感知到的印象管理不满意度与不回复行为的潜水意向之间的路径系数为（β=0.132，t=2.842，p<0.01），即用户感知到的印象管理不满意度程度越高，其不回复行为的潜水意向也越高。用户感知到的社区接受度与印象管理不满意度之间的路径系数为（β=-0.149，t=3.975，p<0.001），即用户感知到的社区接受度越高，其感知到的印象管理不满意度就越低。用户感知到的社区接受度与社交互动需求之间的路径系数为（β=0.117，t=2.482，p<0.05），即用户感知到的社区接受度越高，其参与社交互动的需求也越高。用户感知到的社区接受度与角色冲突对其不回复行为的潜水意向的交互作用为（β=-0.182，t=1.66，p>0.05），即用户感知到的角色冲突程度和社区的接受程度对其不回复行为的潜水意向的交互作用不显著。用户感知到的社区接受度与角色过载对其不回复行为的潜水意向的交互作用为（β=0.059，t=1.186，p>0.05），即社区接受度和角色过载对不回复行为的潜水意向的交互作用不显著。用户感知到的与其社交媒体上的联系人之间的关系强度与其社交互动需求之间的路径系数为（β=0.498，

$t=11.987$，$p<0.001$），即用户感知到的与其社交媒体上的联系人之间的关系强度越强，其在社交媒体上的社交互动需求就越强烈。用户感知到的与其社交媒体上的联系人之间的关系强度与其社交媒体不回复行为的潜水意向之间的路径系数为（$\beta=-0.148$，$t=2.747$，$p<0.01$），即用户感知到的与其社交媒体上的联系人之间的关系强度越强，其在社交媒体上的不回复行为的潜水意向就越低。用户感知到的与其社交媒体上的联系人之间的关系强度对印象管理不满意度与不回复行为的潜水意向之间关系的调节作用为（$\beta=-0.06$，$t=1.473$，$p>0.05$），即用户感知到其与其他用户之间的关系强度对印象管理不满意度与不回复行为的潜水意向之间的调节作用不显著。用户在社交媒体上的社交互动需求与不回复行为的潜水意向之间的路径系数为（$\beta=-0.075$，$t=1.677$，$p>0.05$），即用户在社交媒体上的社交互动需求对其不回复行为的潜水意向影响不显著。在控制变量中，年龄、使用年限、平均使用时长和隐私关切在统计学上是显著的。年龄和平均使用时长显著降低了用户对社交媒体不回复行为的潜水意向，而使用年限和隐私关切显著增加了用户对社交媒体不回复行为的潜水意向。模型3中的结果表明，除了用户感知到的社交互动需求对其在社交媒体上不发布行为的潜水意向的影响不显著外，其他大部分的假设检验结果与主研究模型中的结论是一致的。

模型4的因变量为用户不点赞行为的潜水意向。其结果显示，用户感知到的角色冲突与印象管理不满意度之间的路径系数为（$\beta=0.13$，$t=3.439$，$p<0.001$），即用户感知到的角色冲突程度越高，其感知到的印象管理不满意度也越高。用户感知到的角色过载与印象管理不满意度之间的路径系数为（$\beta=0.46$，$t=11.571$，$p<0.001$），即用户感知到的角色过载程度越高，其感知到的印象管理不满意度也越高。用户感知到的印象管理不满意度与不点赞行为的潜水意向之间的路径系数为（$\beta=0.128$，$t=2.548$，$p<0.05$），即用户感知到的印象管理不满意度程度越高，其不点赞行为的潜水意向也越高。用户感知到的社区接受度与印象管理不满意度之间的路径系数为（$\beta=-0.149$，$t=3.999$，$p<0.001$），即用户感知到的社区接受度越高，其感知到的印象管理不满意度就越低。用户感知到的社区接受度与社交互动需求之间的路径系数为

（β=0.116，t=2.448，$p<0.05$），即用户感知到的社区接受度越高，其参与社交互动的需求也越高。用户感知到的社区接受度与角色冲突对其不点赞行为的潜水意向的交互作用为（β=−0.109，t=2.309，$p<0.05$），即用户感知到的角色冲突程度和社区的接受程度都高的时候，其不点赞行为的潜水意向会降低。用户感知到的社区接受度与角色过载对其不点赞行为的潜水意向的交互作用为（β=0.069，t=1.434，$p>0.05$），即社区接受度和角色过载对不点赞行为的潜水意向的交互作用不显著。用户感知到的与其社交媒体上的联系人之间的关系强度与其社交互动需求之间的路径系数为（β=0.498，t=11.827，$p<0.001$），即用户感知到的与其社交媒体上的联系人之间的关系强度越强，其在社交媒体上的社交互动需求就越强烈。用户感知到的与其社交媒体上的联系人之间的关系强度与其社交媒体不点赞行为的潜水意向之间的路径系数为（β=−0.167，t=3.029，$p<0.01$），即用户感知到的与其社交媒体上的联系人之间的关系强度越强，其在社交媒体上的不点赞行为的潜水意向就越低。用户感知到的与其社交媒体上的联系人之间的关系强度对印象管理不满意度与不点赞行为的潜水意向之间关系的调节作用为（β=−0.037，t=0.827，$p>0.05$），即用户感知到其与社交媒体上其他用户之间的关系强度越强，其感知到的印象管理不满意度对不点赞行为的潜水意向的影响就会越弱。用户在社交媒体上的社交互动需求与不点赞行为的潜水意向之间的路径系数为（β=−0.064，t=1.365，$p>0.05$），即用户在社交媒体上的社交互动需求对其不点赞行为的潜水意向影响不显著。在控制变量中，年龄在统计学上是显著的，年龄显著降低了用户对社交媒体不点赞行为的潜水意向。模型4中的结果表明，除了用户感知到的社交互动需求对其在社交媒体上不点赞行为的潜水意向的影响不显著外，其他大部分的假设检验结果与主研究模型中的结论是一致的。

通过将潜水行为进行分类对比检验发现，用户感知到的与其社交媒体上的联系人之间的关系强度对印象管理不满意度与不发布行为的潜水意向之间的关系具有显著的负向调节作用，而关系强度对印象管理不满意度与不评论行为、不回复行为和不点赞行为的潜水意向之间关系的调节作用都不显著。这一结论在之前的主模型中未得到验证，这说明不发布行为作为社交媒体潜水行为的一种，具有其独特性。发布行为作为一种主动的自我披露行为，其往往是关于发布者本人的一些日常写照和想法，这反映了用户自身希望参与社交媒体互动的一种期望。当用户感知到其与社交媒体平台上的其他用户之间的关系强度越强，就意味着其与其他人之间的关系越亲密，参与社交互动的动机和需求就越强烈，而发布行为本身不具有对他人的针对性，因此对于印象管理产生的潜在危害较轻。评论和回复均为较具针对性的社交行为，因此对于印象管理不满意度的潜在危害较大，而点赞行为作为一种社交支持，其产生的动机较为复杂，可能跟用户当时的情绪等诸多复杂因素有关。

其次，用户感知到的社区接受度与角色过载对其不评论行为的潜水意向具有显著的正向交互作用。这一结论与假设相反，可能的原因是一个良好的社区氛围需要所有的用户长时间共同努力来营造，而要维持这样一个良好的社区氛围也需要用户不断地持续努力，因此，用户会更加在意自己在社交媒体平台上的一言一行，而不使其轻易地遭受破坏。这样一来，当用户感知到社交行为可能不当时，会对印象管理产生威胁的那些行为也被遏制了。

最后，用户感知到的印象管理不满意度与不评论行为的潜水意向之间的关系不显著，而用户感知到的印象管理不满意度对不发布、不回复和不点赞行为的潜水意向具有显著的正向作用。用户在社交媒体上的社交互动需求对不评论行为的潜水意向具有显著的负向作用，而其对于不发布、不回复和不点赞行为的潜水意向的作用不显著。这说明，用户在社交媒体上的印象管理和关系维护存在相互竞争的关系，他们对用户最终的潜水行为存在此消彼长的趋势。回复行为作为一种具有针对性的社交行为，其同样具有较强的互动属性，是用户主动自发地与他人进行沟通交流的社交媒体行为，因此，社交互动需求对用户产生的驱动力超过了印象管理不满意度带来的负面影响。而其他三种行为分别作为自我披露、被动参与和社会支持的体现，社交互动的动机相对较弱，因此，印象管理不满意度产生的压力占据上风。

此外，年龄显著降低了用户对社交媒体不发布、不评论、不回复和不点赞行为的潜水意向。这可能是由于年轻人社会地位较低，他们对于他人的负面评价更为看重，因为这些负面评价可能会对他们产生较大的影响，因此，选择潜水的可能性更大一些。使用年限和隐私关切显著增加了用户对社交媒体不评论和不回复行为的潜水意向。这说明随着社交媒体的使用，使用年限越久的用户对于社交媒体逐渐失去兴趣，开始出现参与降低的生命周期。同时，对于隐私的担忧也促使用户降低参与社交互动的可能。而使用频率显著增加了用户对社交媒体不发布行为的潜水意向，使用频率越多的用户可能更在意发生在别人身上的事情，时刻都在关注着他人的动态，而自己可能大多数时候都处于潜水状态。

5.5 本章小结

本章研究的目的是，从用户在社交媒体上的印象管理和关系维护这一两难问题入手，探究降低社交媒体用户潜水的机制。具体地，本研究提出角色压力使得用户的印象管理不满意度增加，从而导致用户的社交媒体潜水行为。而良好的社交氛围和强关系则会增加用户的社交互动需求，并降低其潜水意向。实证研究的结果表明，角色冲突和角色过载会显著增加用户的印象管理不满意度，而印象管理不满意度显著地增加用户的潜水意向。社区接受度会降低用户印象管理不满意度的感知，并削弱角色冲突对潜水意向的作用。同时，社区接受度和关系强度会增加用户的社交互动需求，从而降低其潜水意向。此外，强关系也会直接降低用户的潜水意向。但是，社区接受度对角色过载和潜水意向之间关系的调节作用不显著。这表明，一个包容性强的社区氛围可以降低用户之间的冲突行为，包容用户不当的社交对话，却不能降低过多的社交请求带来的影响。要应对过多的社交请求，用户就需要付出更多的时间和精力，而对于用户来讲，他们能够用于社交媒体的时间都是有限的，不会因为社交氛围的融洽而投入太多精力。此外，关系强度对印象管理不满意度与潜水意向之间关系的调节作用也不显著。这说明，用户会为了维护关系强度而降低潜水意向，但是当用户感受到印象管理不满意度很高时，他们还是会倾向于选择保守的社交规避策略。他们或许可以通过别的渠道维护社交关系，但是不会在社交媒体上冒着印象管理的风险去与人互动。

第6章 结论与展望

6.1 研究结论

社交媒体方便了用户随时随地与他人进行社交互动，极大地改变了用户与家人、朋友、同事以及其他人之间沟通交流的方式。尽管社交媒体已经成为用户表达情感并与他人分享日常生活的主要场所，但是随着用户在社交媒体上联系人数量的日益增多，用户的社交网络变得越来越复杂，由此带来的日益突出的角色压力问题成为用户享受社交媒体活动的主要障碍，并成为导致用户潜水行为的关键因素。本书从用户社交网络多样性的角色视角入手，通过三个实证研究分别探究了社交媒体沟通环境和角色压力导致用户潜水意向的内在机制，以及缓解用户潜水意向的机制。结合本书的三个研究，可以将研究结论归纳为以下三部分：

（1）本书从社交网络多样性的角色视角出发，证明了社交媒体能力和用户的社交网络规模会增加用户对于角色冲突和角色过载的感知，角色冲突和角色过载会增加用户的社交媒体疲劳感，角色压力和社交媒体疲劳最终会导致用户的潜水意向。

随着用户在社交媒体上联系人数量的日益增多，用户的社交网络正在变得越来越多样化和复杂化。在社交媒体开放的平台上，复杂多样的社交圈子使得角色冲突和角色过载变得异常突出。因此，用户就需要分配更多的时间和精力来应对日益增多的和相互冲突的角色期望。用户因参与社交互动而过度地耗费时间和精力就会产生社交媒体疲劳感，从而致使用户厌倦社交媒体并希望从社交媒体中退出的意愿及趋势。之前的大量研究指出，社交联系数量越多，用户贡献的内容就越多[95,96,224]，本研究从角色的视角出发证明了社交关系数量的增加会降低社交媒体用户发布内容的意向。造成这一结果的不同主要在于先前的研究都将用户的社交网络视为一个整体，而本书的研究提出用户在社交媒体上的社交网络并不是单一的，而是可以根据不同的角色来划分成不同的子网络，从而能够准确地识别由社交网络多样性引起的角色冲突和角色过载是如何导致用户的社交媒体疲劳并最终导致其潜水行为的。

与之前的大量研究指出的社交联系多的用户会发布更多的内容[95,96,224]相反，本研究从角色的视角出发提供了一个反常且有趣的假设，即社交关系数量的增加会降低社交媒体用户发布内容的意向。鉴于用户的社交网络正在变得越来越多样化和复杂化，用户的在线自我呈现和印象管理将变得更具挑战性，因为他们需要分配更多的认知资源来应对日益增多和冲突的角色期望。因此，社交媒体旨在为用户设计一个可选择的和异步的社交互动环境来促进他们的自我印象管理的优势就被削弱了。先前的大多数研究都将用户的社交网络视为一个整体，而我们的研究提出将社交媒体用户的社交网络基于角色来划分成不同的子网络，从而准确地识别了由社交网络多样性引起的角色冲突和角色过载是如何导致用户的社交媒体疲劳并最终导致其潜水行为的。

技术特征作为刺激因素会引发情感的响应，已经被广泛用来探究技术使用过程中用户的情感反应。例如，在工作环境中由于对IT的情绪反应会影响任务和工具的采纳行为[225,226]、使用态度[227]、习惯养成[228]以及应对行为[229]，因此通常将组织技术和IT实施作为用户情绪的刺激因素进行研究。本研究从角色视角出发，提出了由社交媒体独特的技术特征构造的独特的沟通环境作为刺激因素是如何导致用户的潜水行为的，通过实证方法验证了一种未知的潜水机制，提供了令人耳目一新的独到见解。

（2） 本书从用户印象管理的视角出发，以自我差异理论作为总体研究框架探究角色压力对用户潜水意向的影响机制。结果表明，角色冲突和角色过载对社交互动焦虑和失望都有显著的正向影响，社交互动焦虑和失望正向影响用户的潜水意向，此外，角色过载会增加角色冲突对于失望的影响。

基于自我差异理论，本研究证实了用户由于使用社交媒体而引起的脆弱情绪（即社交互动焦虑和失望）是他们在社交媒体上潜水的重要前提。情绪主导着社交互动，它是进行社会交往的硬通货[230]。情绪的累积会改变用户对社交媒体的使用态度，从而影响用户最终的使用决策。这与之前大多数关于潜水的研究从用户的使用动机和人格特征出发解释潜水原因的研究不同。之前这些研究将潜水行为看成一种主动的自发行为，大多将潜水行为视为正常的甚至是积极有益的行为，而本研究指出的脆弱情绪是由于角色压力所导致的，由此引起的潜水行为是一种被动的无奈行为。之前关于潜水的大多数研究都是通过对比潜水者和贡献者的不同之处得出潜水的主要因素，这在一定程度上导致了潜水这一概念的不统一的局面。更为重要的是，潜水者和潜水行为并不完全等同，潜水行为不是潜水者才有的，对于贡献者而言，他们也会因为角色压力等原因而选择降低贡献内容的频率和数量，从而产生选择性的潜水行为。由此限制了潜水研究的发展。

特别地，情绪主导着社交互动，它是进行社会交往的硬通货[230]。之前的关于潜水的大多数研究都从用户的使用动机出发解释用户的潜水行为，这些研究将潜水行为看成一种主动的自发行为。而本研究指出的脆弱情绪是由于社交压力所导致的，由此引起的潜水行为是一种被动的无奈行为。这为潜水研究提供了新思路和新视角，今后的学者也应当考虑从情绪的视角出发研究其他导致用户潜水行为的因素和机制。

此外，通过将潜水行为进行分类对比检验发现，用户感知到的社交互动焦虑情绪对其在社交媒体上不同的潜水行为有着不同的影响。这说明这四种不同的具体行为之间存在着差异，导致这四种行为的动机也各不相同。发布是一种主动的自我披露行为，其往往是关于发布者本人的一些日常写照和想法。评论是一种具有针对性的主动社交行为，它通常针对别人的动态发表自己的观点，具有很大的主观差异，通常需要别人花费时间和精力回应其社交请求。回复行为作为一种被动的行为，其主要是为了响应他人的请求，多为提供更多的互动或者关于某一事件的详细解释，从而为社交请求者提供更多的帮助并需花费更多的认知资源。而点赞作为一种社会支持行为，它为他人的社交行为提供了更多的支持和肯定，通常是一种积极的、友善的行为。而自我表达需求对于不发布和不点赞行为的潜水意向有着显著的负向影响，而且其对于不评论和不回复行为的潜水意向不显著，这也表明了发布和点赞的社交行为有着更多的自我披露属性，而评论和回复的社交行为有着更多的社交互动属性，它们内在的差异导致了其影响动机的差异。联系人数量和平均使用时长对不回复的潜水行为有显著的负向影响，这表明联系人数量越多，用户在社交媒体上聚集的社交关系就越多，社交媒体对于他们来讲将是主要的关系维护平台，因而更在意他人的社交请求。另外，平均使用时长越长，表明用户参与社交媒体互动投入的时间和精力越多，也能更好地处理来自他人的社交请求。因此，不同的潜水行为引起内在属性的差异，其影响因素也存在差异化，这为进一步探索潜水行为的内在机制提供了更为详细的解读和实证证据。这项研究为理解社交媒体上的复杂的潜水行为提供了创新性视角，对社交媒体提供商具有重大的实际意义，也为进一步探索社交媒体上的潜水行为开辟了新的机会。

（3）本书从用户关系维护的视角探究降低社交媒体用户潜水意向的机制。具体地，研究结果表明角色冲突和角色过载会增加用户的印象管理不满意度，从而导致了用户的潜水意向。社区接受度会降低用户印象管理不满意度的感知，并削弱角色冲突对潜水意向的作用。同时，社区接受度和关系强度会增加用户的社交互动需求，从而降低其潜水意向。强关系也会直接降低用户的潜水意向。

社交媒体独特的沟通环境造成了用户角色压力过重的局面，角色压力使得用户的印象管理不满意度增加，从而导致用户的社交媒体潜水行为。社交媒体旨在为用户设计一个可选择的和异步的社交互动环境来促进他们的自我印象管理的优势就被削弱。而良好的社交氛围和强关系则会增加用户的社交互动需求，并降低其潜水意向。但是，研究结果显示社区接受度对角色过载和潜水意向之间关系的调节作用不显著。这表明，一个包容性强的社区氛围可以降低用户之间的冲突行为，包容用户不当的社交对话，却不能降低过多的社交请求带来的影响。要应对过多的社交请求，用户就需要付出更多的时间和精力，而对于用户来讲，他们能够用于社交媒体的时间是有限的，不会因为社交氛围的融洽而投入太多精力。关系强度对印象管理不满意度与潜水意向之间关系的调节作用不显著。这说明，用户会为了维护关系强度而降低潜水意向，但是当用户感受到印象管理不满意度很高时，他们还是倾向于选择保守的社交规避策略。用户会愿意花费更多的时间和精力去维护他们的强社交关系，同时，他们也会更在意这些强关系对其印象的评估。对于用户而言，他们或许可以通过别的渠道来维护社交关系，比如说线下的社交互动或者一对一的及时通信等，但是不会在社交媒体上冒着印象管理的风险去与人互动。

此外，通过将潜水行为进行分类对比检验发现，用户感知到的与其社交媒体上的联系人之间的关系强度对印象管理不满意度与不发布行为的潜水意向之间的关系具有显著的负向调节作用，而关系强度对印象管理不满意度与不评论行为、不回复行为和不点赞行为的潜水意向之间关系的调节作用都不显著。这一结论在之前的主模型中未得到验证，这说明不发布行为作为社交媒体潜水行为的一种，具有其独特性。用户感知到的印象管理不满意度与不评论行为的潜水意向之间的关系不显著，而用户感知到的印象管理不满意度对不发布、不回复和不点赞行为的潜水意向具有显著的正向作用。用户在社交媒体上的社交互动需求对不评论行为的潜水意向具有显著的负向作用，而其对于不发布、不回复和不点赞行为的潜水意向的作用不显著。这说明，用户在社交媒体上的印象管理和关系维护存在相互竞争的关系，它们对用户最终潜水行为的影响存在此消彼长的趋势。

本书研究证明了用户在社交媒体上的印象管理和关系维护是一个两

难的抉择。社交媒体为用户提供了一个方便维持社交关系的平台，但用户面临的角色压力问题可能使他们在社交互动过程中损坏自己的在线形象。因此，对于社交媒体用户而言，如何权衡这两种社交动机至关重要。这一结论推翻了之前的一些研究指出的社交媒体同时有利于用户进行关系维护和印象管理的说法，为社交媒体用户使用体验提供了更全面、更深刻的思考。本书研究的结果为降低社交媒体被动的消极潜水行为提供了参考依据和研究方向。今后学者也应当从多方面入手探究社交媒体用户潜水行为的影响机制，并进一步探究如何有效降低用户的潜水行为，提高用户的使用体验和参与度。

6.2 研究启示

6.2.1 理论贡献

本书研究的理论贡献主要有以下三点：

（1）本书从社交网络多样性的角色视角出发，探明了社交媒体沟通环境对于用户潜水行为的影响机制，证明了用户在社交媒体上的社交网络规模并不是越大越好，为社交网络多样性的研究提供了新视角。之前的研究大多从社会资本的视角出发解释社交网络规模的影响，认为用户的社交网络规模越大、多样性程度越高，能够获得的社会资本就越多，其接触到的信息就越广泛、越多样，从而为用户的决策行为提供帮助。本书研究从角色的视角入手探究社交媒体上社交网络多样性带来的角色压力问题，从而提出了针对用户在社交媒体上的社交网络的研究不应仅限于将其视作一个整体来考察，而是需要对用户的社交网络结构的复杂性和多样性进行更深入的划分和分析，因为这些可区分的子社交网络之间的差异会导致用户不同的使用行为。这为社交网络多样性的解读提供了新思路，也为社交媒体沟通环境的认知提供了新见解，从而弥补了现有关于社交媒体上的社交网络和社交媒体能力对用户行为影响的相关研究中的不足和片面性。

（2）本书从印象管理的视角出发并通过引入自我差异理论，解释了角色压力对于用户潜水行为的影响机制，指出了用户的脆弱情绪是导致其被动潜水的直接因素，丰富了对社交媒体潜水行为的理解。首先，以往关于潜水的研究在很大程度上忽视了用户情绪对潜水行为的影响，情绪对社交互动有着主导作用，对用户的态度和使用行为都有极大的影响，这为有关潜水影响因素的研究提供了新方向。其次，用户的潜水行为不一定都是自发的、积极的，也可能是被动的、消极的，从而为潜水行为的定性提供了新见解。此外，与以往将用户分为潜水者或贡献者的研究不同，本书将潜水作为社交媒体用户参与社交互动的一种策略，在某些情况下，即使是经常发布的贡献者也会选择潜水的行为。从而，将潜水者和潜水行为区分开来，为进一步研究潜水行为提供了更准确的概念界定。最后，本研究通过将用户在社交媒体上的自我呈现分为三种类型（即在线实际自我、在线应该自我和在线理想自我），从而将用户线上的印象管理行为刻画得更深刻、更具体，为进一步了解用户在社交媒体上的印象管理行为提供了新范式。角色理论与自我差异理论的整合在理论上扩展了这两种理论的使用，并为社交媒体用户行为的解释引进了新的理论基础。

（3）本书从社交媒体用户的印象管理和关系维护这一两难问题入手，探究了用户的社交动机和环境线索对其潜水意向的缓解机制，为进一步探索降低社交媒体用户的潜水行为的研究提供了新思路。通过解读印象管理和关系维护这两种动机对于潜水的影响过程，证实了用户的印象管理和关系维护是一个两难问题。这与之前学者提出的社交媒体有利于用户进行印象管理并方便他们进行关系维护的看法不同，事实上用户的印象管理和关系维护这两者之间存在竞争关系，而社区氛围会对这一过程起到调节作用。这一研究为降低社交媒体用户潜水行为的研究指引了方向。

6.2.2 实践启示

本书研究的结果对于社交媒体实践主要具有以下两点启示：

（1）对于社交媒体平台而言。

首先，本书研究提供了重要的证据，表明用户在社交媒体上的社交网络规模和社交媒体的独特沟通环境会增加他们对于角色冲突和角色过载的感知，而他们感知到的角色冲突和角色过载会引发他们对社交媒体的疲劳感，从而导致他们在社交媒体上的潜水行为。出于对业务可持续性的考虑，社交媒体服务商需要依靠用户主动的内容贡献行为来寻求发展。本书的研究结果表明，日益增加的社交联系会导致社交网络的多样化，从而引起角色冲突和角色过载。因此，用户在社交互动中想要表现得好将变得更加费力并且更具挑战性。其结果是，用户对于社交媒体的使用逐渐产生了疲劳感，社交媒体对于他们的吸引力已经大大不如以前，这将会导致他们倾向于减少参与社交媒体对话，甚至短暂离开社交媒体或者弃用社交媒体。因此，社交媒体提供商应考虑为用户提供更具智能化的基于情境的关系管理工具，以帮助他们有效地管理日益增多的社交联系。此外，社交媒体提供商也应对用户联系人的数量进行限制，不要无限制地扩大用户的社交网络规模，尤其是在为用户推送联系人时应当避免过多的、不必要的推送，应当选取一些高质量的用户更可能花时间和精力去维护的社交联系。

其次，本书研究表明用户在社交媒体上感知到的角色冲突和角色过载会引发他们的脆弱情绪（即社交活动焦虑和失望），而用户的脆弱情绪又是导致他们潜水的直接原因。随着社交媒体的使用，社交媒体已经给用户带来了各种这样那样的问题，尤其是一些用户对于社交媒体使用的幸福感已经开始降低，也因此带来了各种各样的负面情绪。这不仅对用户的社交媒体使用带来了负面的影响，也严重地影响到了人们的日常生活和工作。社交媒体的角色压力问题也是如此，它不仅影响着用户的脆弱情绪，同时也对用户现实生活中的社交和生活等方面带来了不利的影响。因此，社交媒体提供商应考虑如何帮助用户管理日益复杂的各种社交关系。例如，社交媒体提供商可以设计更多有用的功能，以非侵犯性的方式在社交互动中有效地管理用户的各种角色。尽管现有的社交媒体平台（例如，微信、Meta等）允许用户将他们的朋友分成不同的群组，但是当前的机制并不友好也不完全有效。因为对用户来说，每次发布内容时都需要手动选择哪些人可以看到他们的帖子，哪些人不可以看，是一个十分累人的过程，这会引发用户的社交媒体疲劳感。因此，应该开发更有效和对用户更友好的机制，例如，开发基于AI的应用程序，通过学习用户当前的社交媒体发布行为对用户的角色压力进行更多的个性化控制，同时将他们发布的内容推荐给他们希望的特定小组等。

最后，本书研究还为降低社交媒体用户的潜水意向提供了理论依据，为社交媒体开发商及运营商在改进服务品质、优化用户使用体验和提高用户黏性等方面的管理实践提供具有可供参考的意见和建议。具体地，本书研究表明用户与其联系人的关系强度将会促进其参与社交媒体互动的需求，从而降低其潜水意向。同时，关系强度与印象管理风险存在博弈关系，也能有效地降低印象管理风险带来的潜水动机。这说明对于社交媒体用户而言，由于他们用于维护社交关系的时间和精力是有限的，所以，他们更愿意将时间和精力花费在那些强关系的联系人身上，而那些过多的、不常联系的人反而成为他们的社交负担和潜在的顾虑。因此，社交媒体提供商在向用户推荐联系人的时候，应当更多地考虑这些推荐给用户带来的社交价值，而不是简单地基于一些相似性大规模地推荐无效联系人。

（2）对于社交媒体用户而言。

首先，社交媒体为用户提供了一个可以更有效率地管理大量社交关系的平台，但是用户在社交媒体上的联系人数量并不是越多越好，如果用户的社交关系过多、过于复杂就会给其带来巨大的角色压力。角色压力的增加一方面会使用户疲于应对而产生社交媒体疲劳感，另一方面会对其印象管理带来巨大的风险，从而迫使用户选择潜水而不利于其进行社交互动。因此，对于社交媒体用户而言，合理地扩展社交圈子，避免不必要的社交冗余，将会更加有利于其进行关系维护并有效地降低其对角色压力的感知，同时降低印象管理的风险。对于用户而言，社交关系管理的重要性不亚于社交互动带来的社会收益。对于长时间不联系的陌生人或者无效的社交互动联系人，用户应当采取一定的措施进行规避，应经常性地对自己的联系人进行动态管理。此外，对于无可避免的联系人数量的增多，用户应当更加主动地进行社交关系的管理，有效地将不同类型的社交圈子区分开来，尽量避免公开发布冲突性强的内容。

其次，本书研究证明用户在社交媒体上的印象管理和关系维护是一个两难问题。用户必须在维护自己的线上形象和维持自己的社交关系之间做出权衡。不同的用户使用社交媒体的动机有所不同，用户可以根据自己的需求合理地做出取舍。但是，对用户而言，需要注意的是社交媒体早已不再是一个虚拟网络平台，而是与现实生活密不可分的社交沟通渠道，用户在社交媒体上的行为对于其现实生活也会产生一定的影响。因此，不能一味地为了满足自己的需求，而忽略了由此带来的对现实生活的影响。此外，一个融洽的、包容性强的社交氛围也有利于降低用户的印象管理不满意度并有助于用户进行关系维护。因此，对于社交媒体用户而言，在社交互动中注意自己的言行举止的同时，也应对其他人的行为给予更多的包容和接纳，从而创建一个接受度高的社区氛围。因为社交媒体这种独特的社交环境对于每一个用户来讲都是一样的，而在维护社交关系的同时还要树立一个理想的线上形象同样是每个用户共同的诉求，所以营造一个和谐的社区氛围对于每个用户来讲都会受益无穷。

6.3 局限与展望

本书研究也存在一些局限性，具体如下：

（1）本书研究中使用角色冲突和角色过载来从整体上衡量社交网络结构多样性对用户潜水意向的影响，没有考虑不同社交网络环境中不同角色之间的优先级、等级结构、文化规范以及不同社交网络情境下不同角色的重要性等因素的影响，而来自不同角色的压力程度可能是不同的。此外，通过研究植根于不同文化、组织规范和角色等级的更全面的社交网络情境，可以进一步探索不同的社交媒体服务之间动态的角色转换是如何影响用户的潜水行为的。

（2）本书研究主要从用户社交网络多样性的角色视角入手，探究了社交媒体用户的潜水机制。导致社交媒体用户潜水行为的因素可能是多种多样的，今后的研究还需要从社交情境的其他视角出发进行更多的研究，来探究潜水行为的前置因素，从而对用户在社交媒体上的潜水行为进行更全面的了解。

（3）本书研究中以微信用户为调查对象，微信是以社交为主的社交媒体的典型代表。不同的社交媒体之间可能存在差异，有的以社交为主，有的以内容为主，而这些差异可能导致角色压力的影响有所不同。因此，今后的研究应当从其他类型的社交媒体入手探究导致用户潜水的关键因素和机制。

（4）我们目前的横截面数据研究限制了我们更准确地探究用户实际的潜水行为以及因果关系。未来的研究可以考虑进行田野实验，通过捕获用户在社交媒体上长期的社交互动来观察其客观的行为和结果，从而进行准确的因果关系推断。此外，我们的数据来自中国的微信用户，今后的研究可以考虑从其他文化背景下的社交媒体（例如，Facebook、Twitter等）上收集数据，来探究文化差异是否会对潜水机制有不同的影响。

参考文献

[1] TENCENT. Tencent announces 2020 first quarter results [EB/OL]. [2022-05-13]. https://en.prnasia.com/releases/global/tencent-announces-2020-first-quarter-results-279922.shtml.

[2] FACEBOOK. Facebook reports fourth quarter 2018 results [EB/OL]. [2022-05-30]. https://s21.q4cdn.com/399680738/files/doc_financials/2018/Q4/Q4-2018-Earnings-Release.pdf.

[3] CARILLO K, SCORNAVACCA E, ZA S. The role of media dependency in predicting contnuance intention to use ubiquitous media systems [J]. Information & Management, 2016, 54 (3): 317-335.

[4] JANSEN B J, ZHANG M, SOBEL K, et al. Twitter power: Tweets as electronic word of mouth [J]. Journal of the American Society for Information Science & Technology, 2009, 60 (11): 2169-2188.

[5] RAJI R A, RASHID S M, ISHAK S M. Consumer-based brand equity (CBBE) and the role of social media communications: Qualitative findings from the Malaysian automotive industry [J]. Journal of Marketing Communications, 2019, 25 (5): 511-534.

[6] ASUR S, HUBERMAN B A. Predicting the future with social media [J]. Proc of Wiiat, 2010, 7 (2): 492 - 499.

[7] ZHANG X, FUEHRES H, GLOOR P A, et al. Predicting stock market indicators through twitter "i hope it is not as bad as i fear" [J].

Procedia-Social and Behavioral Sciences, 2011 (26): 55 - 62.

[8] TSUKIOKA Y, YANAGI J, TAKADA T. Investor sentiment extracted from internet stock message boards and IPO puzzles [J]. International Review of Economics & Finance, 2018 (56): 205-217.

[9] TUMASJAN A, SPRENGER T O, SANDNER P G, et al. Predicting elections with twitter: What 140 characters reveal about political sentiment [Z]. Proceedings of the Fourth International Conference on Weblogs and Social Media, ICWSM 2010, Washington, DC, USA, 2010: 178-185.

[10] UKPABI D C, KARJALUOTO H. What drives travelers' adoption of user-generated content? A literature review [J]. Tourism Management Perspectives, 2018 (28): 251-273.

[11] MATEI S A, BRUNO R J. Pareto's 80/20 law and social differentiation: A social entropy perspective [J]. Public Relations Review, 2015, 41 (2): 178-186.

[12] EDELMANN N. Reviewing the definitions of "lurkers" and some implications for online research [J]. Cyberpsychology Behavior & Social Networking, 2013, 16 (9): 645-649.

[13] PHANG C W, KANKANHALLI A, TAN B C Y. What motivates contributors vs. lurkers? An investigation of online feedback forums [J]. Information Systems Research, 2015, 26 (4): 773-792.

[14] 蒲青. 虚拟社区潜水者的准社会互动研究 [D]. 成都: 西南财经大学, 2011.

[15] 刘江, 赵宇翔, 朱庆华. 互联网环境下潜水者及其潜水动因研究综述 [J]. 图书情报工作, 2012, 56 (18): 65-72.

[16] NONNECKE R B. Lurking in email-based discussion lists [D]. London: London South Bank University, 2000.

[17] PREECE J, NONNECKE B, ANDREWS D. The top five reasons for lurking: Improving community experiences for everyone [J]. Computers in Human Behavior, 2008, 20 (2): 201-223.

[18] TENCENT. WeChat life white paper [R]. Tencent, 2016.

[19] MAZIE S.Do you have too many Facebook friends? [R]. 2014.

[20] BAREFOOT J C, GR NB K M, JENSEN G, et al. Social network diversity and risks of ischemic heart disease and total mortality: Findings from the Copenhagen city heart study [J]. American Journal

of Epidemiology，2005，161（10）：960.

[21] ZHANG N，WANG C，XU Y. Privacy in online social networks [Z]. Thirty Second International Conference on Information Systems，Shanghai，2011：1-21.

[22] RUI J R，STEFANONE M A. Strategic image management online：Self-presentation，self-esteem and social network perspectives [J]. Information，Communication & Society，2013，16（8）：1286-1305.

[23] MEHDIZADEH S. Self-presentation 2.0：Narcissism and self-esteem on Facebook [J]. Cyberpsychology Behavior & Social Networking，2010，13（4）：357-364.

[24] ELLISON N，HEINO R，GIBBS J. Managing impressions online：Self-presentation processes in the online dating environment [J]. Journal of Computer-Mediated Communication，2006，11（2）：415-441.

[25] KR MER N C，WINTER S. Impression management 2.0：The relationship of self-esteem，extraversion，self-efficacy，and self-presentation within social networking sites [J]. Journal of Media Psychology，2008，20（3）：106-116.

[26] PAPACHARISSI Z. The self online：The utility of personal home pages [J]. Journal of Broadcasting & Electronic Media，2002，46（3）：346-368.

[27] JUNG T，YOUN H，MCCLUNG S. Motivations and self-presentation strategies on Korean-based “Cyworld” weblog format personal homepages [J]. Cyber Psychology & Behavior，2007，10（1）：24-31.

[28] ORTIZ J，CHIH W H，TSAI F S. Information privacy，consumer alienation，and lurking behavior in social networking sites [J]. Computers in Human Behavior，2018，80（1）：143-157.

[29] B GIN D，DEVILLERS R，ROCHE S. The life cycle of contributors in collaborative online communities-the case of OpenStreetMap [J]. International Journal of Geographical Information Science，2018，32（8）：1-20.

[30] SUN N，RAU P P-L，MA L. Understanding lurkers in online communities：A literature review [J]. Computers in Human Behavior，2014（38）：110-117.

[31] KHARPAL A. Everything you need to know about WeChat—China's billion-user messaging app [EB/OL]. [2022-05-30]. https：//www.

cnbc. com/2019/02/04/what-is-wechat-china-biggest-messaging-app. html.

[32] ZHANG H, WANG Z, CHEN S, et al. Product recommendation in online social networking communities: An empirical study of antecedents and a mediator [J]. Information & Management, 2018, 56 (2): 185-195.

[33] NIELSEN J. Participation inequality: Encouraging more users to contribute [J]. Quaderns De Filologia Estudis Literaris, 2006, 2688 (3): 11-25.

[34] CHEN F C. Passive forum behaviors (lurking): A community perspective [Z]. Proceedings of the International Conference on Learning Sciences, Santa Monica, California, F, 2004.

[35] NEELEN M. Lurking: a challenge or a fruitful strategy? A comparison between lurkers and active participants in an online corporate community of practice [J]. International Journal of Knowledge & Learning, 2011, 6 (4): 269-284.

[36] NONNECKE B, PREECE J. Lurker demographics: Counting the silent [Z]. Proceedings of the CHI 2000 Conference on Human Factors in Computing Systems, the Hague, the Netherlands, April, F, 2000.

[37] NONNECKE B, PREECE J. Silent participants: Getting to know lurkers better [M]. London: Springer, 2003.

[38] NONNECKE B, ANDREWS D, PREECE J. Non-public and public online community participation: Needs, attitudes and behavior [J]. Electronic Commerce Research, 2006, 6 (1): 7-20.

[39] ANDREWS D, NONNECKE B, PREECE J. Electronic Survey Methodology: A Case Study in Reaching Hard-to-Involve Internet Users [J]. International Journal of Human-Computer Interaction, 2003, 16 (2): 185-210.

[40] VERDUYN P, LEE D S, PARK J, et al. Passive Facebook usage undermines affective well-being: Experimental and longitudinal evidence [J]. Journal of Experimental Psychology: General, 2015, 144 (2): 480-488.

[41] FROST R L, RICKWOOD D J. A systematic review of the mental health outcomes associated with Facebook use [J]. Computers in Human Behavior, 2017 (76): 576-600.

[42] FRISON E, EGGERMONT S. Toward an integrated and differential approach to the relationships between loneliness, different types of Facebook use, and adolescents' depressed mood [J]. Communication Research, 2015, 47 (5): 701-728.

[43] SHAW A M, TIMPANO K R, TRAN T B, et al. Correlates of Facebook usage patterns: The relationship between passive Facebook use, social anxiety symptoms, and brooding [J]. Computers in Human Behavior, 2015 (48): 575-580.

[44] FRISON E, EGGERMONT S. Exploring the relationships between different types of Facebook use, perceived online social support, and adolescents' depressed mood [J]. Social Science Computer Review, 2016, 34 (2): 153-171.

[45] PICKERING J M, KING J L. Hardwiring weak ties: Individual and institutional issues in computer mediated communication [Z]. Proceedings of the 1992 ACM conference on Computer-supported Cooperative Work, Toronto, Ontario, Canada: Association for Computing Machinery, 1992: 356 - 361.

[46] BEAUDOIN M F. Learning or lurking?: Tracking the "invisible" online student [J]. Internet & Higher Education, 2002, 5 (2): 147-155.

[47] BISHOP J. Increasing participation in online communities: A framework for human - computer interaction [J]. Computers in Human Behavior, 2007, 23 (4): 1881-1893.

[48] RAU P L P, GAO Q, DING Y N. Relationship between the level of intimacy and lurking in online social network services [J]. Computers in Human Behavior, 2008, 24 (6): 2757-2770.

[49] ISOMAKI H, POHJAMO U, SILVENNOINEN J. Ethnographic sensibility: A method for studying lurking as elearning [Z]. Proceedings of the 11th European Conference on E-Learning, 2012: 249-255.

[50] CURIEN N, FAUCHART E, LAFFOND G, et al. Online consumer communities: Escaping the tragedy of the digital commons [Z]. na, 2006.

[51] PANCIERA K, PRIEDHORSKY R, ERICKSON T, et al. Lurking? cyclopaths?: A quantitative lifecycle analysis of user behavior in a geowiki [Z]. Proceedings of the SIGCHI Conference on Human Factors

in Computing Systems，ACM，2010：1917-1926.

[52] RIDINGS C，GEFEN D，ARINZE B. Psychological barriers：Lurker and poster motivation and behavior in online communities [J]. Communications of the Association for Information Systems，2006，18 (16)：329-354.

[53] PREECE J，SHNEIDERMAN B. The reader-to-leader framework：Motivating technology-mediated social participation [J]. AIS Transactions on Human-Computer Interaction，2009，1 (1)：13-32.

[54] NONNECKE B，PREECE J. Why lurkers lurk [Z]. Seventh Americas Conference on Information Systems，Association for Information Systems，2001：1521-1530.

[55] WU C C，CHIANG L C. Knowledge sharing in virtual community：The comparison between contributors and lurkers [Z]. International Conference on Electronic Business，2009：662-668.

[56] MO P K H，COULSON N S. Empowering processes in online support groups among people living with HIV/AIDS：A comparative analysis of "lurkers" and "posters" [J]. Computers in Human Behavior，2010，26 (5)：1183-1193.

[57] YANG X，LI G，HUANG S S. Perceived online community support，member relations，and commitment：Differences between posters and lurkers [J]. Information & Management，2017，54 (2)：154-165.

[58] 郭佳杭. 角色压力对社会化媒体潜水意向的影响研究——以微信朋友圈为例 [D]. 大连：大连理工大学，2016.

[59] 万莉，程慧平. 虚拟知识社区用户知识贡献行为影响因素研究——贡献者和潜水者比较 [J]. 情报理论与实践，2015，38 (12)：93-97.

[60] 王莹莹. 探究"90后"在微信朋友圈中的潜水行为 [J]. 科技传播，2016，8 (10)：7-8.

[61] 刘鲁川，张冰倩，李旭. 社交媒体用户焦虑和潜水行为成因及与信息隐私关注的关系 [J]. 情报资料工作，2018 (5)：72-80.

[62] 李旭，刘鲁川，张冰倩. 认知负荷视角下社交媒体用户倦怠及消极使用行为研究——以微信为例 [J]. 图书馆论坛，2018，38 (011)：94-106.

[63] ZHU D H，CHANG Y P. Understanding motivations for continuance intention of online communities in China：A comparison of active users of social networking sites and virtual communities [J]. Information Development，2014，30 (2)：172-180.

[64] BOYD D M, ELLISON N B. Social network sites: Definition, history, and scholarship [J]. Journal of Computer-Mediated Communication, 2007, 13 (1): 210-230.

[65] PLANT R. Online communities [J]. Technology in Society, 2004, 26 (1): 51-65.

[66] LEE M R, YEN D C, HSIAO C Y. Understanding the perceived community value of Facebook users [J]. Computers in Human Behavior, 2014, 35 (2): 350-358.

[67] GODARA J, ISENHOUR P L, KAVANAUGH A L. The efficacy of knowledge sharing in centralized and self-organizing online communities: Weblog networks vs. discussion forums [Z]. Proceedings of the 42nd Hawaii International Conference on System Sciences, 2009: 1-10.

[68] AHN Y Y, HAN S, KWAK H, et al. Analysis of topological characteristics of huge online social networking services [Z]. Proceedings of the 16th International Conference on World Wide WebM2007: 835-844.

[69] FISHER M, BOLAND R, LYYTINEN K. Social networking as the production and consumption of a self [J]. Information and Organization, 2016, 26 (4): 131-145.

[70] BURKE M, MARLOW C, LENTO T M. Social network activity and social well-being [Z]. Proceedings of the SIGCHI Conference on Human Factors in Computing Systems, 2010: 1909-1912.

[71] MORRISON M A, CHEONG H J, MCMILLAN S J. Posting, Lurking, and networking: Behaviors and characteristics of consumers in the context of user-generated content [J]. Journal of Interactive Advertising, 2013, 13 (2): 97-108.

[72] TAN V M. Examining the posters and lurkers: Shyness, sociability, and community-related attributes as predictors of SNS participation online status [D]. Hong Kong: The Chinese University of Hong Kong, 2011.

[73] MULLER M. Lurking as personal trait or situational disposition: Lurking and contributing in enterprise social media [Z]. Proceedings of the ACM 2012 Conference on Computer Supported Cooperative Work, 2012: 253-256.

[74] OSATUYI B. Is lurking an anxiety-masking strategy on social media

sites? The effects of lurking and computer anxiety on explaining information privacy concern on social media platforms [J]. Computers in Human Behavior, 2015 (49): 324-332.

[75] DENNIS A R, VALACICH J S. Media, tasks, and communication processes: A theory of media synchronicity [J]. MIS Quarterly, 2008, 32 (3): 575-600.

[76] HE W, YANG L. Using wikis in team collaboration: A media capability perspective [J]. Information & Management, 2016, 53 (7): 846-856.

[77] TANG F, WANG X, NORMAN C S. An investigation of the impact of media capabilities and extraversion on social presence and user satisfaction [J]. Behaviour & Information Technology, 2013, 32 (10): 1060-1073.

[78] MEAD G H. Mind, self and society [M]. Chicago: University of Chicago Press., 1934.

[79] ASHFORTH B E, KREINER G E, FUGATE M. All in a day's work: Boundaries and micro role transitions [J]. Academy of Management Review, 2000, 25 (3): 472-491.

[80] LODER T L, SPILLANE J P. Is a principal still a teacher?: US women administrators' accounts of role conflict and role discontinuity [J]. School Leadership & Management, 2005, 25 (3): 263-279.

[81] STEINERT J K. The impact of perceived challenge and hindrance stress on individual well being, role satisfaction, and role performance [D]. Miami: Florida International University, 2011.

[82] BURR W R. Role transitions: A reformulation of theory [J]. Journal of Marriage and Family, 1972, 34 (3): 407-416.

[83] GUIMARAES T, IGBARIA M. Determinants of turnover intentions: Comparing IC and IS personnel [J]. Information Systems Research, 1992, 3 (3): 273-303.

[84] PETERSON M F. Role conflict, ambiguity, and overload: A 21-nation study [J]. Academy of Management Journal, 1995, 38 (2): 429-452.

[85] BOSTROM R P. Role conflict and ambiguity: Critical variables in the MIS user-designer relationship [Z]. Proceedings of the seventeenth annual computer personnel research conference. ACM, 1980: 88-115.

[86] CARPENTER P A. Working memory constraints in comprehension: Evidence from individual differences, aphasia, and aging [C] // GERNSBACHER M A. Handbook of Psycholinguistics. San Diego, CA: Academic Press, 1994: 1075-1122.

[87] HO V T, ANG S, STRAUB D. When subordinates become IT contractors: Persistent managerial expectations in IT outsourcing [J]. Information Systems Research, 2003, 14 (1): 66-86.

[88] GRANOVETTER M S. The strength of weak ties [J]. American Journal of Sociology, 1973, 78 (6): 1360-1380.

[89] COHEN S, DOYLE W J, SKONER D P, et al. Social ties and susceptibility to the common cold [J]. Jama the Journal of the American Medical Association, 1997, 278 (15): 1231-1232.

[90] COHEN S, WILLS T A. Stress, social support, and the buffering hypothesis [J]. Psychological Bulletin, 1985, 98 (2): 310-357.

[91] JS H, KR L, D U. Social relationships and health [J]. Science, 1988, 241 (4865): 540.

[92] EAGLE N, MACY M, CLAXTON R. Network diversity and economic development [J]. Science, 2010, 328 (5981): 1029.

[93] LIN N, ERICKSON B H. Social capital: An international research program [M]. Oxford : Oxford University Press, 2010.

[94] HAMPTON K N, LEE C J, HER E J. How new media affords network diversity: Direct and mediated access to social capital through participation in local social settings [J]. New Media & Society, 2011, 13 (7): 1031-1049.

[95] RUI H, WHINSTON A. Information or attention? An empirical study of user contribution on Twitter [J]. Information Systems and e-Business Management, 2011, 10 (3): 309-324.

[96] GOES P B, LIN M, YEUNG C-M A. "Popularity effect" in user-generated content: Evidence from online product reviews [J]. Information Systems Research, 2014, 25 (2): 222-238.

[97] BOGDAN C, BOWERS J. Tuning in: Challenging design for communities through a field study of radio amateurs [Z]. Proceedings of the Third Communities and Technologies Conference, 2007: 439-461.

[98] ZHANG S, ZHAO L, LU Y, et al. Do you get tired of socializing? An

empirical explanation of discontinuous usage behaviour in social network services [J]. Information & Management, 2016, 53 (7): 904-914.

[99] 刘鲁川，李旭，张冰倩. 基于扎根理论的社交媒体用户倦怠与消极使用研究 [J]. 情报理论与实践，2017，40 (12): 100-106，151.

[100] KOESKE G F, KOESKE R D. A Preliminary test of a stress-strain-outcome model for reconceptualizing the burnout phenomenon [J]. Journal of Social Service Research, 1993, 17 (3-4): 107-135.

[101] HONG W, CHAN F K Y, THONG J Y L, et al. A framework and guidelines for context-specific theorizing in information systems research [J]. Information Systems Research, 2014, 25 (1): 111-136.

[102] HU X, HUANG Q, ZHONG X, et al. The influence of peer characteristics and technical features of a social shopping website on a consumer's purchase intention [J]. International Journal of Information Management, 2016, 36 (6): 1218-1230.

[103] MEHRABIAN A, RUSSELL J A. An approach to environmental psychology [M]. Cambridge: The MIT Press, 1974.

[104] ZHANG H, LU Y, WANG B, et al. The impacts of technological environments and co-creation experiences on customer participation [J]. Information & Management, 2015, 52 (4): 468-482.

[105] GUO J, LIU Z, LIU Y. Key success factors for the launch of government social media platform: Identifying the formation mechanism of continuance intention [J]. Computers in Human Behavior, 2016 (55): 750-763.

[106] LUQMAN A, CAO X, ALI A, et al. Empirical investigation of Facebook discontinues usage intentions based on SOR paradigm [J]. Computers in Human Behavior, 2017 (70): 544-555.

[107] ZHANG K Z K, BENYOUCEF M. Consumer behavior in social commerce: A literature review [J]. Decision Support Systems, 2016 (86): 95-108.

[108] WU, YA-LING, LI, et al. Marketing mix, customer value, and customer loyalty in social commerce A stimulus-organism-response perspective [J]. Internet Research, 2018, 28 (1): 74-104.

[109] WANG W, CHEN R R, OU C X, et al. Media or message, which is the king in social commerce?An empirical study of participants′ intention to

repost marketing messages on social media [J]. Computers in Human Behavior, 2019 (93): 176-191.

[110] LIN J, YAN Y, CHEN S, et al. Understanding the impact of social commerce website technical features on repurchase intention: A Chinese guanxi perspective [J]. Journal Of Electronic Commerce Research, 2017, 18 (3): 225-244.

[111] LEONG L-Y, JAAFAR N I, AININ S. The effects of Facebook browsing and usage intensity on impulse purchase in f-commerce [J]. Computers in Human Behavior, 2017 (78): 160-173.

[112] WANG J C, CHANG C H. How online social ties and product-related risks influence purchase intentions: A Facebook experiment [J]. Electronic Commerce Research & Applications, 2013, 12 (5): 337-346.

[113] SHIN J K. The effect of online social network characteristics on consumer purchasing intention of social deals [J]. Global Economic Review, 2014, 43 (1): 25-41.

[114] PARBOTEEAH D V, VALACICH J S, WELLS J D. The influence of website characteristics on a consumer's urge to buy impulsively [J]. Information Systems Research, 2009, 20 (1): 60-78.

[115] ZHAI X, WANG M, GHANI U. The SOR (stimulus-organism-response) paradigm in online learning: an empirical study of students' knowledge hiding perceptions [J]. Interactive Learning Environments, 2020, 28 (5): 586-601.

[116] PHUSAVAT K, MEYLIANA N A, HIDAYANTO A N, et al. Factors influencing the intention to share knowledge in citizen media with stimulus-organismic-response framework [J]. International Journal of Web Based Communities, 2016, 12 (4): 419-438.

[117] 张敏，孟蝶，张艳. S-O-R分析框架下的强关系社交媒体用户中辍行为的形成机理——一项基于扎根理论的探索性研究 [J]. 情报理论与实践，2019，42 (7): 80-85，112.

[118] CAO X, SUN J. Exploring the effect of overload on the discontinuous intention of social media users: An S-O-R perspective [J]. Computers in Human Behavior, 2018 (81): 10-18.

[119] BIDDLE B J. Role theory: Expectations, identities, and behaviors [M]. Salt Lake City: Academic Press, 1979.

[120] GOFFMAN E. The presentation of self in everyday life [M]. London: Allen Lane, 1959.

[121] MONTGOMERY J D. Toward a role—Theoretic conception of embeddedness [J]. American Journal of Sociology, 1998, 104 (1): 92-125.

[122] JR. R B D F H. Role theory: Concepts and research [J]. Social Service Review, 1968, 42 (3): 407-408.

[123] HILBERT R A. Toward an improved understanding of "role" [J]. Theory & Society, 1981, 10 (2): 207-226.

[124] LYNCH K D. Modeling role enactment: Linking role theory and social cognition [J]. Journal for the Theory of Social Behaviour, 2007, 37 (4): 379-399.

[125] MCCALL G J, SIMMONS J L. Identities and interactions [M]. New York: Free Press, 1966.

[126] COLLIER P J, CALLERO P L. Role theory and social cognition: Learning to think like a recycler [J]. Self & Identity, 2005, 4 (1): 45-58.

[127] ASHFORTH B E, JOHNSON S A. Which hat to wear? The relative salience of multiple identities in organizational contexts [M]. Philadelphia: Psychology Press, 2001 : 31-48.

[128] RUTNER P S, HARDGRAVE B C, MCKNIGHT D H. Emotional dissonance and the information technology professional [J]. MIS Quarterly, 2008, 32 (3): 635-652.

[129] MOORE J E. One road to turnover: An examination of work exhaustion in technology professionals [J]. MIS Quarterly, 2000, 24 (1): 141-168.

[130] FREUDENBERGER H J. Staff burn-out [J]. Journal of Social Issues, 1974, 30 (1): 159-165.

[131] JACKSON S E, TURNER J A, BRIEF A P. Correlates of burnout among public service lawyers [J]. Journal of Organizational Behavior, 1987, 8 (4): 339-349.

[132] MASLACH C, JACKSON S E. The measurement of experienced burnout [J]. Journal of Organizational Behavior, 1981, 2 (2): 99-113.

[133] SHANAFELT T D, BRADLEY K A, WIPF J E, et al. Burnout and self-reported patient care in an internal medicine residency program [J].

Annals of Internal Medicine, 2002, 136 (5): 358-367.

[134] PONCET M C, TOULLIC P, PAPAZIAN L, et al. Burnout syndrome in critical care nursing staff [J]. American Journal of Respiratory & Critical Care Medicine, 2007, 175 (7): 698-704.

[135] MD T D S. Enhancing meaning in work: A prescription for preventing physician burnout and promoting patient-centered care [J]. Jama, 2009, 302 (12): 1338.

[136] PINES A, MASLACH C. Characteristics of staff burn-out in mental health settings [J]. Hospital & Community Psychiatry, 1978, 29 (4): 233-237.

[137] SCHWAB R L, IWANICKI E F. Perceived role conflict, role ambiguity, and teacher burnout [J]. Educational Administration Quarterly, 1981, 18 (1): 60-74.

[138] BACHARACH S B, BAMBERGER P, CONLEY S. Work-home conflict among nurses and engineers: Mediating the impact of role stress on burnout and satisfaction at work [J]. Journal of Organizational Behavior, 1991, 12 (1): 39-53.

[139] RAVINDRAN T, YEOW KUAN A C, HOE LIAN D G. Antecedents and effects of social network fatigue [J]. Journal of the Association for Information Science & Technology, 2014, 65 (11): 2306-2320.

[140] BRIGHT L F, KLEISER S B, GRAU S L. Too much Facebook? An exploratory examination of social media fatigue [J]. Computers in Human Behavior, 2015 (44): 148-155.

[141] LEE A R, SON S M, KIM K K. Information and communication technology overload and social networking service fatigue: A stress perspective [J]. Computers in Human Behavior, 2016 (55): 51-61.

[142] DHIR A, YOSSATORN Y, KAUR P, et al. Online social media fatigue and psychological wellbeing—A study of compulsive use, fear of missing out, fatigue, anxiety and depression [J]. International Journal of Information Management, 2018 (40): 141-152.

[143] LIU Z, WANG X. How to regulate individuals' privacy boundaries on social network sites: A cross-cultural comparison [J]. Information & Management, 2018, 55 (8): 1005-1023.

[144] WRIGHT T A, CROPANZANO R. Emotional exhaustion as a predictor of job performance and voluntary turnover [J]. Journal of Applied

Psychology, 1998, 83 (3): 486-493.

[145] LAVEE Y, MCCUBBIN H I, OLSON D H. The effect of stressful life events and transitions on family functioning and well-being [J]. Journal of Marriage and the Family, 1987, 49 (4): 857-873.

[146] LANKTON N K, MCKNIGHT D H, TRIPP J F. Facebook privacy management strategies: A cluster analysis of user privacy behaviors [J]. Computers in Human Behavior, 2017 (76): 149-163.

[147] EVERARD A, CAO J, LOWRY P B. Privacy concerns versus desire for interpersonal awareness in driving the use of self-disclosure technologies: The case of instant messaging in two cultures [J]. Journal of Management Information Systems, 2011, 27 (4): 163-200.

[148] HAIR J F, RINGLE C M, SARSTEDT M. PLS-SEM: Indeed a silver bullet [J]. Journal of Marketing Theory and Practice, 2011, 19 (2): 139-152.

[149] HAIR J F, RISHER J J, SARSTEDT M, et al. When to use and how to report the results of PLS-SEM [J]. European Business Review, 2019, 31 (1): 2-24.

[150] SHIAU W-L, SARSTEDT M, HAIR J F. Internet research using partial least squares structural equation modeling (PLS-SEM) [J]. Internet Research, 2019, 29 (3): 398-406.

[151] CHIN W W. The partial least squares approach to structural equation modeling [J]. Modern methods for business research, 1998, 295 (2): 295-336.

[152] PODSAKOFF P M, ORGAN D W. Self-reports in organizational research: Problems and prospects [J]. Journal of Management, 1986, 12 (4): 531-544.

[153] PHILIP M P, SCOTT B M, JEONG-YEON L, et al. Common method biases in behavioral research: A critical review of the literature and recommended remedies [J]. Journal of Applied Psychology, 2003, 88 (5): 879-903.

[154] MALHOTRA N K, KIM S S, PATIL A. Common method variance in IS research: A comparison of alternative approaches and a reanalysis of past research [J]. Management Science, 2006, 52 (12): 1865-1883.

[155] LUMPKIN J R, DARDEN W R. Relating television preference viewing to shopping orientations, life styles, and demographics: The examination of perceptual and preference dimensions of television programming [J]. Journal of Advertising, 1982, 11 (4): 56-67.

[156] BARCLAY D, HIGGINS C, THOMPSON R. The partial least square (PLS) approach to causal modeling: Personal computer adoption and use as an illustration [J]. Technol. Stud, 2 (2): 2.

[157] HENSELER J, HUBONA G, RAY P A. Using PLS path modeling in new technology research: Updated guidelines [J]. Industrial Management & Data Systems, 2016, 116 (1): 2-20.

[158] FORNELL C, LARCKER D F. Evaluating structural equation models with unobservable variables and measurement error [J]. Journal of marketing research, 1981, 18 (1): 39-50.

[159] OU C X, PAVLOU P A, DAVISON R M. Swift guanxi in onlie marketplaces: The role of computer-mediated communication technologies [J]. MIS Quarterly, 2014, 38 (1): 209-230.

[160] CENFETELLI R T, BASSELLIER G. Interpretation of formative measurement in information systems research [J]. MIS Quarterly, 2009, 33 (4): 689-707.

[161] PETTER S, RAI S A. Specifying formative constructs in information systems research [J]. MIS Quarterly, 2007, 31 (4): 623-656.

[162] HIGGINS E T. Self-discrepancy: A theory relating self and affect [J]. Psychological review, 1987, 94 (3): 319-340.

[163] T H E, L K R, J S T. Self-discrepancies: Distinguishing among self-states, self-state conflicts, and emotional vulnerabilities [M]. Hoboken: John Wiley & Sons, 1987.

[164] CHIU C-M, HUANG H-Y. Examining the antecedents of user gratification and its effects on individuals' social network services usage: The moderating role of habit [J]. European Journal of Information Systems, 2015, 24 (4): 411-430.

[165] ELLISON N, HEINO R, GIBBS J. Managing impressions online: Self-presentation processes in the online dating environment [J]. Journal of Computer-Mediated Communication, 2006, 11 (2): 415-441.

[166] SCHEIER M F, CARVER C S. Self-focused attention and the experience of emotion: Attraction, repulsion, elation, and depression [J].

Journal of Personality & Social Psychology, 1977, 35 (9): 625-636.

[167] FENIGSTEIN A, SCHEIER M F, BUSS A H. Public and private self-consciousness: Assessment and theory [J]. Journal of Consulting and Clinical Psychology, 1975, 43 (4): 522-527.

[168] SCHLENKER B R, LEARY M R. Social anxiety and self-presentation: A conceptualization and model [J]. Psychological Bulletin, 1982, 92 (3): 641.

[169] MATTICK R P, CLARKE J C. Development and validation of measures of social phobia scrutiny fear and social interaction anxiety [J]. Behaviour Research and Therapy, 1998, 36 (4): 455-470.

[170] LEARY M R, KOWALSKI R M. Social anxiety [M]. New York: Guilford Press, 1995

[171] LEE Y-K, CHANG C-T, LIN Y, et al. The dark side of smartphone usage: Psychological traits, compulsive behavior and technostress [J]. Computers in Human Behavior, 2014 (31): 373-383.

[172] HONG J-C, HWANG M-Y, HSU C-H, et al. Belief in dangerous virtual communities as a predictor of continuance intention mediated by general and online social anxiety: The Facebook perspective [J]. Computers in Human Behavior, 2015 (48): 663-670.

[173] MCCORD B, RODEBAUGH T L, LEVINSON C A. Facebook: Social uses and anxiety [J]. Computers in Human Behavior, 2014 (34): 23-27.

[174] BELL D E. Disappointment in decision making under uncertainty [J]. Operations Research, 1985, 33 (1): 1-27.

[175] ZEELENBERG M, VAN DIJK W W, MANSTEAD A S R, et al. On bad decisions and disconfirmed expectancies: The psychology of regret and disappointment [J]. Cognition and Emotion, 2000, 14 (4): 521-541.

[176] LANDMAN J. Regret: The persistence of the possible [M]. Oxford: Oxford University Press, 1993.

[177] ZEELENBERG M, VAN DIJK W, MANSTEAD A, et al. The experience of regret and disappointment [Z]. Other Publications TiSEM, 1998.

[178] ZEELENBERG M. Anticipated regret, expected feedback and behavioral decision making [J]. Journal of Behavioral Decision Making, 1999, 12 (2): 93-106.

[179] KASHDAN T B. Social anxiety spectrum and diminished positive

experiences: Theoretical synthesis and meta-analysis [J]. Clinical Psychology Review, 2007, 27 (3): 348-365.

[180] RACHMAN S, RADOMSKY A S, SHAFRAN R. Safety behaviour: A reconsideration [J]. Behaviour research and therapy, 2008, 46 (2): 163-173.

[181] RAPEE R M, HEIMBERG R G. A cognitive-behavioral model of anxiety in social phobia [J]. Behaviour Research and Therapy, 1997, 35 (8): 741-756.

[182] WEINER B, RUSSELL D, LERMAN D. The cognition - emotion process in achievement-related contexts [J]. Journal of Personality and Social Psychology, 1979, 37 (7): 1211-1220.

[183] INMAN J J, DYER J S, JIA J. A generalized utility model of disappointment and regret effects on post-choice valuation [J]. Marketing Science, 1997, 16 (2): 97-111.

[184] SELIGMAN M E P. Helplessness: On depression, development, and death [M]. San Francisco: WHO Freeman, 1976.

[185] LEVINSON C A, RODEBAUGH T L. Anxiety, self-discrepancy, and regulatory focus theory: Acculturation matters [J]. Anxiety Stress Coping, 2013, 26 (2): 171-186.

[186] KAHN R L, WOLFE D M, QUINN R P, et al. Organizational stress: Studies in role conflict and ambiguity [J]. Administrative Science Quarterly, 1964, 10 (1): 125.

[187] DHIR A, KAUR P, RAJALA R. Why do young people tag photos on social networking sites? Explaining user intentions [J]. International Journal of Information Management, 2018, 38 (1): 117-127.

[188] GAO Q, FENG C. Branding with social media: User gratifications, usage patterns, and brand message content strategies [J]. Computers in Human Behavior, 2016 (63): 868-890.

[189] MILNE G R, GORDON M E. Direct mail privacy-efficiency trade-offs within an implied social contract framework [J]. Journal of Public Policy & Marketing, 1993, 12 (2): 206-215.

[190] PAINE C, REIPS U D, STIEGER S, et al. Internet users' perceptions of "privacy concerns" and "privacy actions" [J]. International Journal of Human-Computer Studies, 2007, 65 (6): 526-536.

[191] JIANG Z, CHENG S H, CHOI B C F. Research note —Privacy concerns

and privacy-protective behavior in synchronous online social interactions [J]. Information Systems Research, 2013, 24 (3): 579-595.

[192] O'GUINN T C, FABER R J. Compulsive buying: A phenomenological exploration [J]. Journal of consumer research, 1989, 16 (2): 147-157.

[193] GOFFMAN E. The presentation of self in everyday life [M]. London: Harmondsworth, 1978.

[194] GODFREY J M, MATHER P R, RAMSAY A L. Earnings and impression management in financial reports: The case of CEO changes [J]. Abacus, 2003, 39 (1): 95-123.

[195] GUADAGNO R E, CIALDINI R B. Gender differences in impression management in organizations: A qualitative review [J]. Sex Roles, 2007, 56 (7-8): 483-494.

[196] LEARY M R, KOWALSKI R M. Impression management: A literature review and two-component model [J]. Psychological Bulletin, 1990, 107 (1): 34-47.

[197] 杨玺. 大学生社交网络中印象管理及自我呈现研究 [D]. 重庆: 西南大学, 2018.

[198] 辛文娟, 赖涵, 陈晓丽. 大学生社交网络中印象管理的动机和策略——以微信朋友圈为例 [J]. 情报杂志, 2016, 35 (3): 190-194.

[199] LIU Z, WANG X, MIN Q, et al. The effect of role conflict on self-disclosure in social network sites: An integrated perspective of boundary regulation and dual process model [J]. Information Systems Journal, 2019, 29 (2): 279-316.

[200] DINDIA K, CANARY D J. Definitions and theoretical perspectives on maintaining relationships [J]. Journal of Social & Personal Relationships, 1993, 10 (2): 163-173.

[201] DONATH J. Signals in social supernets [J]. Journal of Computer-Mediated Communication, 2007, 13 (1): 231-251.

[202] NAN L. Social capital: A theory of social structure and action [M]. Cambridge: Cambridge University Press, 2002.

[203] TONG S T, WALTHER J B. Relational maintenance and CMC [J]. Computer-Mediated Communication in Personal Relationships, 2011, 53 (9): 1689-1699.

[204] ELLISON N B, VITAK J, GRAY R, et al. Cultivating social resources on

social network sites: Facebook relationship maintenance behaviors and their role in social capital processes [J]. Journal of Computer-Mediated Communication, 2014, 19 (4): 855-870.

[205] ROBERTS S G B, DUNBAR R I M. Communication in social networks: Effects of kinship, network size, and emotional closeness [J]. Personal Relationships, 2010, 18 (3): 439-452.

[206] COLLINS N L, MILLER L C. Self-disclosure and liking: A meta-analytic review [J]. Psychological Bulletin, 1994, 116 (3): 457-475.

[207] KOTLER P. Atmospherics as a marketing tool [J]. Journal of Retailing, 1973, 49 (4): 48-64.

[208] HUBER G B. Atmospherics as a marketing tool: The influence of the student union dining atmosphere and service on students' attitudes and actions [D]. Mississippi: University of Mississippi, 2018.

[209] LINDENBERG S. How cues in the environment affect normative behavior [M]. Hoboken: Wiley Online Library, 2012.

[210] PAI P, TSAI H-T. Reciprocity norms and information-sharing behavior in online consumption communities: An empirical investigation of antecedents and moderators [J]. Information & Management, 2016, 53 (1): 38-52.

[211] 邬心云. 博客传播中的自我呈现 [J]. 传媒观察, 2013 (6): 20-22.

[212] BURGOON J K, BONITO J A, RAMIREZ A, et al. Testing the interactivity principle: Effects of mediation, propinquity, and verbal and nonverbal modalities in interpersonal interaction [J]. Journal of Communication, 2002, 52 (3): 657-677.

[213] DOLEN W M V, DABHOLKAR P A, RUYTER K D. Satisfaction with online commercial group chat: The influence of perceived technology attributes, chat group characteristics, and advisor communication style [J]. Journal of Retailing, 2007, 83 (3): 339-358.

[214] LUO Q, ZHONG D. Using social network analysis to explain communication characteristics of travel-related electronic word-of-mouth on social networking sites [J]. Tourism Management, 2015 (46): 274-282.

[215] MCKENNA K Y, BARGH J A. Causes and consequences of social interaction on the Internet: A conceptual framework [J]. Media Psychology, 1999, 1 (3): 249-269.

[216] SWANN JR W B. Self-verification: Bringing social reality into harmony with the self [J]. Social psychological perspectives on the self, 1983 (2): 33-66.

[217] GOFFMAN E. The presentation of self in everyday life [M]. New York: Doubleday, 1959.

[218] ALGESHEIMER R, DHOLAKIA U M, HERRMANN A. The social influence of brand community: Evidence from European car clubs [J]. Journal of Marketing, 2005, 69 (3): 19-34.

[219] XIA W, YU C, WEI Y. Social media peer communication and impacts on purchase intentions: A consumer socialization framework [J]. Journal of Interactive Marketing, 2012, 26 (4): 198-208.

[220] RISHIKA R, RAMAPRASAD J. The effects of asymmetric social ties, structural embeddedness, and tie strength on online content contribution behavior [J]. Management Science, 2019, 65 (7): 3398-3422.

[221] PERRY-SMITH, JILL E. Social network ties beyond nonredundancy: An experimental investigation of the effect of knowledge content and tie strength on creativity [J]. Journal of Applied Psychology, 2014, 99 (5): 831-846.

[222] PAI P, ARNOTT D C. User adoption of social networking sites: Eliciting uses and gratifications through a means-end approach [J]. Computers in Human Behavior, 2013, 29 (3): 1039-1053.

[223] ZHAO D, ROSSON M B. How and why people twitter: The role that micro-blogging plays in informal communication at work [Z]. Proceedings of the ACM 2009 International Conference on Supporting Group Work, 2009: 243-252.

[224] STIEGLITZ S, LINH D-X. Emotions and information diffusion in social media—Sentiment of microblogs and sharing behavior [J]. Journal of Management Information Systems, 2013, 29 (4): 217-248.

[225] STEIN M K, NEWELL S, WAGNER E L, et al. Coping with information technology: Mixed emotions, vacillation, and nonconforming use patterns [J]. MIS Quarterly, 2015, 39 (2): 367-392.

[226] BEAUDRY A, PINSONNEAULT A. Understanding user responses to information technology: A coping model of user adaptation [J]. MIS Quarterly, 2005, 29 (3): 493-524.

[227] KIM H W, CHAN H C, CHAN Y P. A balanced thinking - feelings model of information systems continuance [J]. International Journal of Human-Computer Studies, 2007, 65 (6): 511-525.

[228] LANKTON N K, WILSON E V, MAO E. Antecedents and determinants of information technology habit [J]. Information & Management, 2010, 47 (5): 300-307.

[229] BEAUDRY A, PINSONNEAULT A. The other side of acceptance: Studying the direct and indirect effects of emotions on information technology use [J]. MIS Quarterly, 2010, 34 (4): 689-710.

[230] ZAJONC R B. Feeling and thinking: Preferences need no inferences [J]. American Psychologist, 1980, 35 (2): 151-175.

[231] DINEV T, HART P. An extended privacy calculus model for e-commerce transactions [J]. Information Systems Research, 2006, 17 (1): 61-80.

[232] BALAJI M S, KHONG K W, CHONG A Y L. Determinants of negative word-of-mouth communication using social networking sites [J]. Information & Management, 2016, 53 (4): 528-540.

附录A　研究1量表

构念	题项	来源
角色冲突（Role Conflict）	[RC1] 在微信朋友圈里，我经常体会到不同的群体对我的期望是矛盾的	[21，128]
	[RC2] 在微信朋友圈里，我发布的内容往往一些人能接受，另一些人不能接受	
	[RC3] 在微信朋友圈里，我经常得尝试平衡两个或多个相互冲突的社交行为	
	[RC4] 在微信朋友圈里，有时我不得不违背某些角色的行为规范来完成我想做的事	
角色过载（Role Overload）	[RO1] 在微信朋友圈里，同时承担不同的角色使我负担过重	[21，84，87]
	[RO2] 在微信朋友圈里，我承担着太多来自他人的角色期望	

续表

构念	题项	来源
角色过载 (Role Overload)	[RO3] 在微信朋友圈里，承担的角色太多以至于我不能自如地应对	
	[RO4] 在微信朋友圈里，不同的角色期望让我疲于应对，从而不能享受朋友圈互动	
	[RO5] 在微信朋友圈里，我的角色数量已经妨碍到我真正想做的事	
	[RO6] 我觉得有必要减少一些自己在微信朋友圈里的角色	
并行性 (Parallelism)	[Par1] 在微信朋友圈里，我可以同时与多个朋友进行互动	[76]
	[Par2] 在微信朋友圈里，我发布的信息可以同时被多个朋友看到	
	[Par3] 在微信朋友圈里，我可以同时接收来自多个朋友发布的信息	
	[Par4] 在微信朋友圈里，多个朋友可以同时一起互动	
可再处理性 (Reprocessability)	[Rep1] 在微信朋友圈里与别人进行互动过程中，我可以查看之前发布的内容	[76]
	[Rep2] 在微信朋友圈里与别人的互动结束后，我还可以查看之前发布的内容	
	[Rep3] 在微信朋友圈里，我可以重新查看、思量之前发布的信息是否合适	
	[Rep4] 微信朋友圈可以保存我和朋友们的交互记录	

续表

构念	题项	来源
社交媒体疲劳(Social Media Fatigue)	[SMF1] 有时在微信朋友圈发布信息让我感费尽心思	[98]
	[SMF1] 有时在微信朋友圈发布信息让我感到疲惫	
	[SMF1] 有时在微信朋友圈发布信息让我感到腻烦	
	[SMF1] 有时在微信朋友圈发布信息让我感到无趣	
潜水意向(Lurking Intention)	[LI1] 在微信朋友圈里，以后我发布信息的数量会越来越少	[12，98]
	[LI2] 在微信朋友圈里，以后我发布信息的频率会越来越低	
	[LI3] 在微信朋友圈里，以后我发布信息的数量会比现在少	
	[LI4] 如果可以的话，我将不会在微信朋友圈里发布信息	
隐私关切(Privacy Concern)	[PC1] 我担心发布到微信朋友圈里的信息会被滥用	[231]
	[PC2] 我担心其他人能够通过微信朋友圈发现我的私人信息	
	[PC3] 我担心发布到微信朋友圈里的信息会被其他人不当利用	
	[PC4] 我担心发布到微信朋友圈里的信息会以我想不到方式被利用	
时尚意识(Fashion Consciousness)	[FC1] 如果只能二选一的话，我更追求穿得时尚而不是穿得舒服	[154]
	[FC2] 穿着漂亮是我生活的重要部分	
	[FC3] 人就应该穿得时尚	

附录B　研究2量表

构念	题项	来源
角色冲突（Role Conflict）	［RC1］在微信朋友圈里，我经常体会到不同的群体对我的期望是矛盾的	［21，128］
	［RC2］在微信朋友圈里，我发布的内容往往一些人能接受，另一些人不能接受	
	［RC3］在微信朋友圈里，我经常得尝试平衡两个或多个相互冲突的社交行为	
	［RC4］在微信朋友圈里，有时我不得不违背某些角色的行为规范来完成我想做的事	
角色过载（Role Overload）	［RO1］在微信朋友圈里，同时承担不同的角色使我负担过重	［21，84，87］
	［RO2］在微信朋友圈里，我承担着太多来自他人的角色期望	

续表

构念	题项	来源
角色过载（Role Overload）	[RO3] 在微信朋友圈里，承担的角色太多以至于我不能自如地应对	
	[RO4] 在微信朋友圈里，不同的角色期望让我疲于应对，从而不能享受朋友圈互动	
	[RO5] 在微信朋友圈里，我的角色数量已经妨碍到我真正想做的事	
	[RO6] 我觉得有必要减少一些自己在微信朋友圈里的角色	
社交互动焦虑（Social Interaction Anxiety）	[SIA1] 在微信朋友圈里，与有权威的人（上司、老师等）交互时我会感到紧张	[169，173]
	[SIA2] 在微信朋友圈里，我担心说出不合时宜的话	
	[SIA3] 在微信朋友圈里，我担心说出令人尴尬的话	
	[SIA4] 在微信朋友圈里，我担心自己发布的信息得不到别人的响应	
	[SIA5] 在微信朋友圈里，否定别人的观点时我会有所顾虑	
失望（Disappointment）	[Dis1] 在微信朋友圈里，我对树立理想的线上形象感到无能为力	[177]
	[Dis2] 在微信朋友圈里，树立理想的线上形象超出了我的掌控	
	[Dis3] 在微信朋友圈里，我对自己的线上形象感到失望	
	[Dis4] 在微信朋友圈里，我的线上形象让我心情低落	

续表

构念	题项	来源
失望（Disappointment）	[Dis5] 在微信朋友圈里，我不可能树立理想的线上形象	
	[Dis6] 在微信朋友圈里，我不打算再去改善自己的线上形象	
	[Dis7] 在微信朋友圈里，我不会尝试改善自己的表现来树立理想的线上形象	
	[Dis8] 在微信朋友圈里，我已放弃树立理想线上形象的想法	
	[Dis9] 在微信朋友圈里，我已不想再去树立理想的线上形象	
潜水意向（Lurking Intention）	[LI1] 以后我在微信朋友圈里发布新动态的数量会越来越少	[12，98]
	[LI2] 以后我在微信朋友圈里发布新动态的数量会比现在少得多	
	[LI3] 以后我在微信朋友圈里给别人评论的数量会越来越少	
	[LI4] 以后我在微信朋友圈里给别人评论的数量会比现在少得多	
	[LI5] 以后我在微信朋友圈里给别人回复的数量会越来越少	
	[LI6] 以后我在微信朋友圈里给别人回复的数量会比现在少得多	
	[LI7] 以后我在微信朋友圈里给别人点赞的数量会越来越少	
	[LI8] 以后我在微信朋友圈里给别人点赞的数量会比现在少得多	
	[LI9] 如果可以的话，我将不会再在微信朋友圈里发布内容	

续表

构念	题项	来源
隐私关切（Privacy Concern）	［PC1］我担心发布到微信朋友圈里的信息会被滥用	［231］
	［PC2］我担心其他人能够通过微信朋友圈发现我的私人信息	
	［PC3］我担心发布到微信朋友圈里的信息会被其他人不当利用	
	［PC4］我担心发布到微信朋友圈里的信息会以我想不到方式被利用	
自我效能（Self-efficacy）	［SE1］我能轻松的使用微信朋友圈发布动态	［187］
	［SE2］我有足够的能力使用微信朋友圈	
	［SE3］我了解微信朋友圈的各项功能	
社交互动需求（Social Interaction Need）	［SIN1］我可以通过微信朋友圈了解好友的近况	［188］
	［SIN2］我可以通过微信朋友圈与好友交流和互动	
	［SIN3］我可以通过微信朋友圈给予好友关怀和支持	
	［SIN4］我可以通过微信朋友圈来获取好友的意见和建议	
	［SIN5］我可以通过微信朋友圈给好友提供意见和建议	
自我表达需求（Self-expression Need）	［SEN1］我可以通过微信朋友圈来展示自己的兴趣爱好	［188］
	［SEN2］我可以通过微信朋友圈来抒发自己的情感	
	［SEN3］我可以通过微信朋友圈来告诉别人我的近况	
	［SEN4］我可以通过微信朋友圈来表达自己的想法和意见	
幻想（Fantasizing）	［Fant1］我经常会幻想一些事情	［154］
	［Fant2］我看电影时容易有代入感	
	［Fant3］我经常会想象一些可能发生的事情	

附录C 研究3量表

构念	题项	来源
角色冲突 (Role Conflict)	[RC1] 在微信朋友圈里，我经常体会到不同的群体对我的期望是矛盾的	[21，128]
	[RC2] 在微信朋友圈里，我发布的内容往往一些人能接受，另一些人不能接受	
	[RC3] 在微信朋友圈里，我经常得尝试平衡两个或多个相互冲突的社交行为	
	[RC4] 在微信朋友圈里，有时我不得不违背某些角色的行为规范来完成我想做的事	
角色过载 (Role Overload)	[RO1] 在微信朋友圈里，同时承担不同的角色使我负担过重	[21，84，87]
	[RO2] 在微信朋友圈里，我承担着太多来自他人的角色期望	

续表

构念	题项	来源
角色过载（Role Overload）	[RO3] 在微信朋友圈里，承担的角色太多以至于我不能自如地应对	
	[RO4] 在微信朋友圈里，不同的角色期望让我疲于应对，从而不能享受朋友圈互动	
	[RO5] 在微信朋友圈里，我的角色数量已经妨碍到我真正想做的事	
	[RO6] 我觉得有必要减少一些自己在微信朋友圈里的角色	
印象管理不满意度（Impression Management Risk）	[IMD1] 在微信朋友圈里，我对自己的线上形象感到不满意	[98]
	[IMD2] 在微信朋友圈里，我对自己的线上形象感到不愉悦	
	[IMD3] 在微信朋友圈里，我对自己的线上形象感到不满足	
	[IMD4] 在微信朋友圈里，我对自己的线上形象感到不欣喜	
社区接受度（Community Receptivity）	[CR1] 总的来说，微信朋友圈里的其他人愿意听取我的意见	[210]
	[CR2] 总的来说，微信朋友圈里的其他人能够包容我的想法	
关系强度（Tie Strength）	[TS1] 我会和微信朋友圈里的朋友分享心里话	[232]
	[TS2] 我会花一些空闲时间和微信朋友圈里的朋友互动	
	[TS3] 如果微信朋友圈里的朋友有需要的话，我会给予他们很大帮助	
	[TS4] 如果我有需要的话，微信朋友圈里的朋友会给予我很大帮助	

续表

构念	题项	来源
社交互动需求（Social Interaction Need）	[SIN1] 我可以通过微信朋友圈了解好友的近况	[188]
	[SIN2] 我可以通过微信朋友圈与好友交流和互动	
	[SIN3] 我可以通过微信朋友圈给予好友关怀和支持	
	[SIN4] 我可以通过微信朋友圈来获取好友的意见和建议	
	[SIN5] 我可以通过微信朋友圈给好友提供意见和建议	
隐私关切（Privacy Concern）	[PC1] 我担心发布到微信朋友圈里的信息会被滥用	[231]
	[PC2] 我担心其他人能够通过微信朋友圈发现我的私人信息	
	[PC3] 我担心发布到微信朋友圈里的信息会被其他人不当利用	
	[PC4] 我担心发布到微信朋友圈里的信息会以我想不到方式被利用	
潜水意向（Lurking Intention）	[LI1] 以后我在微信朋友圈里发布新动态的数量会越来越少	[12，98]
	[LI2] 以后我在微信朋友圈里发布新动态的数量会比现在少得多	
	[LI3] 以后我在微信朋友圈里给别人评论的数量会越来越少	
	[LI4] 以后我在微信朋友圈里给别人评论的数量会比现在少得多	

续表

构念	题项	来源
潜水意向（Lurking Intention）	[LI5] 以后我在微信朋友圈里给别人回复的数量会越来越少	
	[LI6] 以后我在微信朋友圈里给别人回复的数量会比现在少得多	
	[LI7] 以后我在微信朋友圈里给别人点赞的数量会越来越少	
	[LI8] 以后我在微信朋友圈里给别人点赞的数量会比现在少得多	
	[LI9] 如果可以的话，我将不会再在微信朋友圈里发布内容	
自我效能（Self-efficacy）	[SE1] 我能轻松的使用微信朋友圈发布动态	[187]
	[SE2] 我有足够的能力使用微信朋友圈	
	[SE3] 我了解微信朋友圈的各项功能	
幻想（Fantasizing）	[Fant1] 我经常会幻想一些事情	[154]
	[Fant2] 我看电影时容易有代入感	
	[Fant3] 我经常会想象一些可能发生的事情	

索引